青少年成长教育读本

家长**教育**读本

高 立 ◆ 编著

吉林人民出版社

图书在版编目(CIP)数据

家长教育读本 / 高立编著 . -- 长春:吉林人民出
版社, 2012.5
　(青少年成长教育读本)
　ISBN 978-7-206-09058-5

Ⅰ.①家… Ⅱ.①高… Ⅲ.①青少年 – 家庭教育
Ⅳ.①G78

中国版本图书馆CIP数据核字(2012)第112115号

家长教育读本

JIAZHANG JIAOYU DUBEN

编　著:高　立
责任编辑:郭雪飞　　　封面设计:孙浩瀚
制　作:吉林省优视印务有限公司
吉林人民出版社出版 发行(长春市人民大街7548号　邮政编码:130022)
印　刷:北京市一鑫印务有限公司
开　本:670mm×950mm　　1/16
印　张:10　　　　字　数:70千字
标准书号:978-7-206-09058-5
版　次:2012年7月第1版　　印　次:2023年6月第3次印刷
定　价:35.00元

目 录

言传身教

言传身教教育原则，是指家长对孩子以自己高尚的品行树立起榜样，起模范表率作用，也就是说，在教育过程中既做到循循善诱又以身作则。做到欲正人，先正己。

言传身教的一般要求：家长要品德高尚，要实事求是向孩子传授知识、解决疑难，同时，自身又是孩子值得信赖和学习的榜样。

第一位教师

你是孩子的"第一位教师"，你的工作应该从哪里开始？

要想让你的孩子具有良好的生活习惯，你就必须具有良好的生活习惯。孩子是父母的影子，俗语说，"有其父必

有其子"，你自身的思想行为必然影响到你身边的孩子，你的生活习惯是他最容易模仿和学习的。对于孩子来说，最容易沾染的是父母身上的坏习气。许多家长老是骂自己的孩子什么脾气不好，学习马虎，生活没有规律之类。其实，他拿镜子照照自己，自然会发现首先是自己脾气不好，学习马虎，生活没有规律。这样的"第一任教师"真糟糕，所以，你这个"第一任教师"，首要的工作就是要在孩子面前养成良好的生活习惯。

了解子女

以前我认为我是父亲，一定很了解自己的孩子。对犯了错误又不想承认错误的孩子，或者认为孩子不能自作主张的时候，动不动就把你有"多少斤两?""有多少肠肚?""懂什么?""我看透了你!"之类的话常常挂在嘴边的。现在想来是我自以为是的结果，其实我并不很了解孩子，对孩子的一切行为也只是熟视无睹，或者说只了解了孩子的外在表现，尚未了解孩子的内心世界。孩子很快就要小学毕业了，但是他过去那种懒散的坏习惯总是不能改掉，学习一点紧张感都没有，放学回家，总不能认真复习功课，老是那样入迷地跟电视打交道。我们做父母的看在眼里急在心上，夫妻常常叹息：我算看透了，竖子不可教，这哪里是念书的料。其实，孩子心里非常紧张，这种情况是在我跟孩子的班主任了解之后才知道的。

在学校里，孩子对老师说："老师，我非常想下功夫读书，我希望考上重点中学，但是我觉得学习的压力也太大了。我怀疑自己的能力，也恨我平时不能够认真地学习，现在复习起来很吃力，回到家里，一看爸妈的脸孔，我心里对学习就马上感到厌烦，所以只能不顾父母的强烈反对，打开电视机，让那些动画片迷醉自己……"我的心里禁不住一颤：啊，原来我根本不了解自己的孩子，在我的心里我是从来没有认为孩子会有这么丰富的心理活动，孩子只能够是听话的，因为我像孩子这样小的时候，是十分听父母的话的，学习也非常自觉和努力，学习的成绩也是在班上名列前茅。我把自己的过去，作为一面镜子搬到了自己孩子的面前，我把自己过去的所作所为在内心深处强调成为孩子的榜样，其实，孩子不买我的账，他也没能在我的身上看到他自己的影子，他也未能把我当成他的榜样。他只感到我做家长的对他有一种巨大的压力，但是，他又未能放弃他自己的童真，玩比学习更开心。于是，他在一种很矛盾的状态下，坚决选择了比学习更轻松的事情——看电视。

我们做家长的把自己的过去当作参考资料来了解孩子，这是一个不经意的家教盲点。所以我在孩子的学习过程中只一味地强调他的学习，结果是吃亏了的。只一味地强调孩子学习，学习，再学习，只能说当家长的不了解孩子，造成主观愿望与客观实际相脱离，这样的教训是值得记取的。从刚才的分析上看，我是从本质上没能了解孩子。一个了解孩子的家长，他一定能够了解孩子的个性、品质、意志、毅力、生活习惯、学习热情、劳动态度……对孩子的了解是无止境的，所以对孩子不要随便下断语，一个不好的"断语"会贻害孩子的终生。

在教育孩子的过程中，你要想了解孩子你必须经常地和孩子谈心，了解他思想和行为的变化，传授孩子需要学习的相关知识和道德修养内容。如果你缺乏了这一点，你就不是一个合格的父母。在教育孩子的过程中，你不应该有任何借口说自己工作忙没有时间与孩子交谈和陪孩子玩。人们说，一切是为了后代，既然如此你就得多关心多教导自己的孩子。教育的辩证法告诉我们，你不接近孩子孩子就必然远离你。有朝一日，当你想把"出轨"的孩子拉回自己的身边，已经是心想力无能了。

要想让孩子接受你的思想和愿望，教导过程中应该时时处处注意营造民主的氛围，让孩子发言是最好的教育。要让孩子说心里话，他对你说心里话了，那么你的教育就意味着成功，因为能够让你真正了解孩子的还是发自孩子

内心的说话。

令孩子悦纳自己

做父母的不要以为自己的孩子肯定是喜欢自己的，其实许多孩子并不喜欢自己的父母，对父母的行为常常很反感。当然，天底下没有多少个孩子不爱自己的父母。这里我们要把"爱"和"喜欢"分开，爱一个人是包括他的一切，当然也包括了他的缺点，而喜欢，只能说是喜欢一个人的优点，喜欢他看的顺眼的地方。一个孩子，对父母的喜欢与不喜欢，究竟是在什么地方呢？我想了好久，也想了很多，渐渐地我好像明白了，孩子对父母的喜欢与不喜欢是有很多方面的，但是，集中起来最突出的还是对孩子的管理方面，特别是对孩子的"说教"。做父母的也明白，教孩子做人是要讲许多道理的，但是，我们不能忽视让孩子喜欢你说道理是最重要的，所以，你必须尽量生动有趣地跟孩子交谈，老实说就是大人们都不喜欢听别人说空泛的大道理。说教幽默的父母更容易让孩子喜欢，因而更能塑造优秀的孩子。

教育孩子，大道理要适可而止，最重要的是要敲响孩子心灵的钟声。要说"小道理"，深入到孩子为人做事的细节，细微之处见教育呵。要实话实说，不要借题发挥，这样，孩子是比较容易喜欢你，接近你。

和孩子谈话不要铺天盖地，漫无边际，废话连篇，这样做只能使孩子无所适从。此时，教，不如不教。所以，你每次与孩子的谈话必须有一个中心，必须做到具体问题具体分析，对症下药，适可而止。

一个孩子经常会犯同样的一种错误，但是我们不能重复同样一种方式的教育。比如：我的孩子每当假日来临，早上总是睡得很迟才起来，他妈妈每次都是向他提出警告，并且是一次比一次严厉，甚至要动手揭被子，把他拉下床来，但是始终不能帮助孩子克服这个毛病。有一次，我心灵一动，决定不警告孩子也不提孩子睡懒觉的事情。我站在孩子的房门口，向仍赖在床上的孩子说另外的一件事情，我表扬了孩子近期学习英语的成绩很好："孩子，我想向你问一问你的英语成绩为什么能这样好呢？你这样下去，学习一定很有前途"。我心里本来不打算他会有什么反应意想不到，他的心灵给我激活了，马上回答我说："刻苦勤奋吧！"我也立即回应他："这就对了。"随后，父子俩都没有说什么话。我继续回到我的电脑室，开始我的工作。

很快，孩子起了床，洗过脸，自觉地拿起语文课本高声朗读起来。从此以后，我对我的这种绕弯子的教育方法产生了兴趣。所以，同一个问题，我们可以有许多解决的办法。对孩子经常所犯的同样一种错误，我们绝不能死板，老是那个腔调，是不能解决问题的。可以是批评警告，可以是提醒启示和暗示，可以分散孩子的注意力，绕过弯子后再回到原来的地方。孩子毕竟是父母的孩子，即使他有缺点，你的方法得当，肯定会达到你对他教育的目的。

身教胜于言传

　　的确，孩子的好与坏，与父母的言行举止有着直接的关系。且听下面一位母亲的叙述：

　　每逢老人生日或母亲节、父亲节，我总喜欢带上儿子去逛商店，与他商量买什么给公公、奶奶。一边挑选礼物一边讲公公奶奶的故事给他听，让儿子也学着孝顺老人。此外我们平时参加的社会公益活动，植树捐助等，也都带儿子参加，并与他沟通感受。于是，儿子写下了《妈妈助残》《我教残疾人学电脑》《稿费捐山区》等一篇篇内容充实，充满生活情趣的小文章。《妈妈助残》还获得了全国小学生作文竞赛佳作奖。获奖并不重要，重要的是在这个过程中，我们教会了儿子如何做人，如何做一个善良的有爱心的人。

　　这的确可以看出，"身教"比"言教"重要。

榜样的力量

要想孩子有良好的道德修养，做到文明守纪、行为规范，你必须自己首先做到这些。培养孩子成长，发号施令，孩子找不到楷模，你的良心虽好也徒然。

几乎所有的教育专家都肯定家庭的示范性是家庭教育的特点和最根本的法则，所谓示范性，便是指家长的身体力行和以身作则。家庭教育和学校教育的根本不同，就在于后者有着固定的场所、教学计划、教学大纲、教学测验等等，而前者则是随时随地、潜移默化、润物无声，父母的一言一行、一举一动都是对孩子的教育。因此，所谓为人师表，其实父母更是孩子的第一任老师，相对而言，其行为举止对孩子的影响比普通的任课老师要大得多。

前苏联著名教育家马卡连柯说："父母对自己的要求，父母对自己家庭的尊敬，父母对自己一举一动的检点，这是首要的和最基本的教育方法。"

前苏联教育家苏霍姆林斯基也说："没有父母的榜样、没有父母在互相关心和尊敬中表现出来的爱的光和热，儿童的自我教育是不可想象的。只说'是'，那不是教育，'打'的结果更糟，最重要的是以身作则，给孩子做好榜样。"他还说："谁能以自己的生命倍增人类的宝贵精神财富，谁能进行自我教育，那他就能教育好自己的孩子。"

中国有这样的古语："其身正，不令而行，其身不正，虽令不从。"里面包含着深刻的道理，这对于孩子的教育，其关键之处则都在要求父母身体力行，为孩子做出表率，以达到润物无声、潜移默化的效果。

家庭是儿童成长的摇篮，父母是儿女的第一任教师，也是终身的教室。他们对子女有一定的权威性。儿童的学习始于模仿，也喜欢模仿，易受暗示是儿童突出的心理特点。由于儿童的生活经历浅，判断是非能力差，判断往往是"他律的"。父母也就自然成了孩子最早、最直接、最经常的模仿对象。他们的一言一行、一举一动，甚至个人的爱好、志趣、习惯都对子女产生深刻、持久的影响。

陶行知是我国现代最伟大的教育家之一，他十分重视父母这孩子的第一任教师的以身作则、言传身教，他说："孩童最易受影响人者也，父母之言行举动，子女多于不知不觉中被其激触，效而为之。今日之学子，即他年之父母也。为学子而行欺，是不啻引将来子女之行欺矣。可不慎哉?"

由此可见，做家长，尤其是做父母的，必须重视以身作则、言传身教，做孩子的表率和榜样。陶行知在他的《儿子教学做》一文中指出："我希望每一个儿子做成一个什么样的儿子，我得把我先做成那样一个儿子。我要教儿子自立立人，我自己就得自立立人。我要教儿子自助助人，我自己就得自助助人。"他自己的一生就是"追求真理做真人"的典范。他要孩子治事认真，他自己就在孩子的心目中树立了做事有条不紊、善于用科学方法处理事物的形象。如他的长子陶宏回忆说："父亲做事有条不紊，最善于'用算学方法处理事务'他的确是一个有算学头脑的人,这点就值得我们学习。"他要孩子好学,也无不用自己的好学精神去感染孩子。他的次子晓光曾这样写道:"别看他担负育才学校三百多人的生活和民主运动的担子,但消磨不了他的学习研究精神,每晚很迟很迟才拖着奔跑了一整天的沉重的双腿,爬上到管家巷 28 号育才重庆办事处。无力地敲开门,拿着蓝布上衣和那顶经过风雨吹打早已软瘪的考克帽,一摇一晃的上楼去。稍休息一下,如没有什么紧急公事,就坐在椅上,拿着一本英文名著、诗集、政治历史,或艺术书籍阅读,或翻阅报章杂志,怎不让人肃然起敬。在父亲的好学精神的感召下,你不能不振作,不进步,不能不加紧学习,而养成终身好学的习惯。"

陶行知不仅是他的孩子、他的学生的榜样,也是我们中华民族千千万万家长的典范。好的家长就是好的教师,孩子因家长有好的家教得益终身。但是行为不端的家长就会有不良的家教,这对孩子的成长将会产生极其恶劣的影响。所以，做家长的必须首先严于律己，完善自我。

修身、齐家、治天下

所谓家教，即家庭教育，其教育者是家长，故中国文化的奠基者孔子说："欲齐其家者，先修其身。"将家长的修养——自我道德完善——作为治家的法宝。当然，时至今天，孔夫子的信条需增加新的时代内容。这里，家长为父母双方，决非男性家长一人；其次，修养是一个综合概念，包括道德水准、知识水平、教育艺术等方面。

首先，家长要有理想，有进取精神，品德高尚。家长是子女的模仿对象，如果家长碌碌无为，不思进取，甚至怨天尤人，嫉妒报复，或者自私自利，违法犯罪，这样的家长如何能教育子女成为有用之才呢？尽职的父母应是子女的榜样，虽然很多父母在知识结构、事业发展方面比不上子女，即所谓"青出于蓝而胜于蓝"。但父母坚持不懈、艰苦奋斗、兢兢业业的精神却一直是子女引以为自豪的宝贵财富。

其次，家长要好学不倦，敢于探求新的领域。现在的父母将家庭布置得井井有条，现代化家具应有尽有，唯独没有书，尤其是没有父母自己看的书，唯一的几本书也是孩子自己看的。相反，这些父母对孩子的期望很高。他们常常这样教育子女："我们那个时代不好，没有好好读书。爸妈这辈子是没有能耐了，你们要好好读书，要上大学成名成家。"不知这些父母是否想过，这种对自己彻底失望，宣称"没有能耐了"的言传身教会对子女产生什么样的影响。父母既然可以为自己不学找借口，孩子又何尝不会呢？因此，尽职的父母要在知识结构上不断完善，不断学习，给孩子做出榜样。

再次，家长要钻研教育艺术，了解孩子的心理、生理特点，因材施教，做到教子有方，这样才能把孩子培养成为德才兼备的优秀人才。

身体力行最基本

　　家庭教育往往是双向的，家长对孩子有什么样的要求，反过来，孩子对家长也有什么样的要求，因而父母的素质决定了家庭教育的水平。

　　孩子们对父母的教育是怎么看的呢？经过对大量 8 岁~ 14 岁儿童进行调查，我们发现，少年儿童能肯定地对父母提出一些基本的要求，这些要求包括正反面的意见，可以作为父母身体力行的基本标准。

　　下面是我们为人父母的二十二条：

　　1. 不要吵架，要和蔼可亲。2. 不要漠视自己的孩子。对他们要给予爱。3. 说话算数，不失信，不撒谎，忠诚正直，信守承诺，不要弄虚作假。4. 父母相互谦让、谅解，不要相互瞧不起，嘲讽对方。5. 孩子的朋友来家的时候表示欢迎，不要让他们感到你的冷淡。6. 认真答复孩子的问题，不要敷衍搪塞。7. 不在公开的场合讲孩子的过错，要恰如其分地评价自己的孩子。8. 多表扬孩子的优点，不要老是指责孩子的过错。9. 对孩子的爱不要忽冷忽热，不要动不动就发脾气，劝孩子的启发教育要持之以恒。10. 不要忘记表扬孩子为街坊做的好事，要肯定孩子助人为乐的精神。11. 不要在教育孩子时一个说一个护，要观点一致，言行一致。12. 不要忘记有空闲的时间和孩子一起出去游玩，要经常与孩子做些开心的事情。13. 不要代替孩子做作业，要注重启发式教学，还要给孩子适当的学习任务。14. 早上不要忘记提醒孩子吃早餐，还要督促孩子参加早晨运动，注意锻炼身体。15. 不要强迫孩子去做自己不愿意做的事情，不要干涉孩子的兴趣和爱好鼓励孩子有自己的志趣，把自己喜欢做的事情做得最好。16. 不要因为孩子做错了事就又打又骂，要永远明确这一点，孩子做错了不要紧，知错改了就行。17. 不要因为一件小事而唠叨不止，要体谅孩子的苦衷，照顾孩子的情绪。18. 不要把不良习惯传染给孩子，在孩子面前要树立君子风范。19. 不要因为怕丢面子而拒绝向孩子承认过失，对孩子也要态度诚恳，谦虚谨慎。

20. 不要身在福中不知福，生活稍有不尽人意的地方就发牢骚，要正确面对生活，给孩子树立勤俭节约，艰苦奋斗的好榜样。21. 不要在本单位或其他地方遇上不愉快的事情，回到家中随意发泄，要善于克制自己。22. 不要在家中指责同事，信口开河说同事的不是，要尽量多地宣传同事间的好人好事。

兴趣教育

兴趣教育原则，就是家长在对孩子施加影响和教育的时候，使其对学习感到莫大的兴趣，从而振奋精神，刻苦学习，卓有成效。

家长设计虽然重要，孩子兴趣必不可少

有一句俗说："有意栽花花不发，无心插柳柳成荫"，在家庭教育中也经常出现这种情况。有些父母为子女的学习设计得好好的，提供的优越条件也令人吃惊，但好心得不到好报，孩子就是不领情。有人曾对全国各地的中学生进行过"你认为难以抵挡的压力是什么？"的调查，其中，80%的学生认为是父母的过分"关心""爱怜"。上海复旦大学附中一个初中生倾诉道："我的家庭学习环境十分优

越。我有自己的房间，各种参考书、英语磁带、阅读书架等应有尽有。只要我一学习，父母就关电视，家务劳动根本不让我插手。怕影响我的学习，家里的人说话的声音都压得低低的，更听不到父母的欢声笑语……可我在这死一般的寂静中，内心翻腾着多少忧愁，我怕考试，接到卷子就哆嗦……"像这种例子，当今中国家庭中，举不胜举，结果演出了一幕幕教育的悲剧。

美国芝加哥大学教授、当代著名的心理学家布鲁姆曾对125位在35岁以前就闻名世界的超级巨星做过调查，结果发现，这些人专长虽各不相同，但成长的历程却都一样——他们几乎都有机敏、开明、绝不揠苗助长的父母，他们小时候都是在父母的"无心插柳"的自由教育中被"栽培"出来的。因此教育家们建议，应给孩子们一些学习的自主，以使其顺势成长。当然，还应加上这么一句："顺其自然，又不任其自然"。

激发孩子游戏式的爱好

其实，在我国许多被喻为"神童"的父母也是这样培养孩子成材的。"跳水皇后"伏明霞的父母当孩子只有两三岁的时候就观察到小明霞的特点："明霞从小就像个男孩，天生好动。父亲爱看球赛和游泳比赛，她也渐渐地迷上了，每天早晚都在床上翻筋斗，倒立、劈叉，床成了运动场。"当明霞的父母发现了她的兴趣、爱好后，就寻思怎样因势利导地将孩子游戏式的爱好激发转变成某种特长，并为这种特长的发展打好基础做点工作。于是他们利用星期天把孩子带到长江边和公园草地上游玩，学打滚等。后来看到孩子这么爱好体育，便顺着孩子的心，7 岁那年，在暑期体操训练班为明霞报了名。这样，小明霞才逐渐地走上跳水台。

作为家长，对孩子的教育应将主要的精力放在发现和培养孩子对某些事情的兴趣上，顺其自然，因势利导，他

们就会获得取之不尽的内在动力，孩子也才会自由成长。

孩子们学习的兴趣和干劲，是决定学习成绩提高与否的关键。

了解学习兴趣，掌握鼓励方法

由于生活环境的差别、人的性格差别，人们在为人处世、学习研究、生活工作等方面都有勤快与懒惰、自觉与不自觉的差别。你成长中的孩子也是一样，都会遇到这些问题。尤其是在孩子们的学习和生活过程中，如何使其自觉而勤快呢？原因有多种多样，动力来自许多方面，其中我们能实施兴趣教育是很重要的环节。没有兴趣的事情，孩子们是不去做的，没有兴趣的学习，进步是很慢的。

你能通过人生理想前途的教育来激发孩子的学习和生活的兴趣吗？人生的意义在很大程度上是为理想前途而学习而奋斗。让孩子自小懂得树立崇高的理想，确立远大的目标，他就会对他的学习和生活发生浓厚的兴趣。对青少年来说，没有什么比对实现自己的理想目标更感到充满兴趣和诱惑力了。应该明白，成长中的孩子更能树立远大的理想，比起人生的任何阶段，实现人生理想的愿望更为强烈。我们应该抓住青少年强烈追求理想前途这一机遇激励他们勇于进取，努力拼搏。教育的主要任务，就是帮助孩子树立崇高的理想并为之孜孜不倦地追求。

你能让孩子进一步明白实现理想目标应该分阶段实施，而不是立竿见影，说实现就实现的，要靠一步一个脚印地顽强奋斗，汗水洒处才有理想的鲜花盛开。所以，理想的实现是一个艰苦奋斗的过程，甚至是拼搏牺牲的过程，人生理想的价值就是从这种奋斗和拼搏中体现出来的。这样，就需要帮助自己的孩子制订每一个阶段的学习和工作计划，并且确认这个学习和工作的计划是自己感兴趣的。实现欲望非常强烈，那么孩子的学习和工作的自觉性自然调动起来了，还需要你每天如对牛马般的吆喝，他也不翻翻书本弄弄笔杆么？

重压断送兴趣

任何过分的压力和重负都会使孩子对学习和生活失去兴趣。所以，你应懂得教育是一个循序渐进，由简到繁，由易到难，不断积累，不断丰富的过程。这样，运用这一规律，由你布置给孩子的任务，他就会产生极大兴趣，因为他能够做到一步一个脚印，学有所成，而不是望洋兴叹。一无所获，徒劳无功的学习终会使孩子感到厌倦无趣，长此以往，你的孩子只能在昏昏然中虚度时光，毫无出色的孩子难道还不让你失望！做一样成功一样，学一点得到一点，那么，谁不感兴趣呢？道理就这样简单，要求孩子的进步，往往是欲速不达的。

孩子们为什么对游戏感兴趣呢？因为游戏过程中是那样的轻松和愉快。好吧，你也应该布置一些轻松和愉快的学习或工作的任务给孩子。你不希望看到孩子乐呵呵地完成任务么？戴着枷锁跳舞，休想看到愉快的表情。

尊重与赞赏

谁都希望得到别人的尊重和赞赏。孩子们也是一样，当他做了好事，获得学习的成绩和完成工作任务的时候，总希望得到别人，特别是他的老师和父母的表扬。你注意到吗？当你的孩子受到表扬时，他的脸上便会神采飞扬。另一方面，当孩子受到过分的挑剔和指责，内心的不愉快是可想而知的了。尊重孩子，热爱孩子，多给孩子以鼓励，他就会自然地对你的教导和指引而感兴趣。当然，这种鼓励必须是恰如其分，实事求是，否则便会助长孩子的骄气和浮躁。

兴趣教育氛围的制造

兴趣教育还需要你具有艺术化的教育方法和灵活自如的教育手段。死板教条，按部就班，是不能制造兴趣教育的氛围的。要艺术化地教育自己的孩子，你就应该积累很多德育故事，积累很多启智故事，积累很多生活常识和教育经验，并把它变成你的知识，转化成你的思想品德。做到抛砖引玉时，你就有本事了。

保持兴奋的状态

人的心理活动并不是能时时刻刻保持兴奋的。整天二十四小时都高度兴奋的人，他不发神经病也奇怪了。一个孩子对外界事物的兴趣，对学习的兴趣也总有高潮和低潮的时候。当你引起或发现你的孩子已经对学习和工作感兴趣的时候，你就应该利用孩子这个兴奋的时刻，抓紧对他的启发诱导，或鼓励他把事情做得更完美，或督促他迅速改正错误。人在兴奋愉快的时刻是比较容易接受外界影响的。在冷漠无趣的时候，即使是献给自己的颂歌也毫无意思。所以，我们在教导孩子的时候，激发孩子的兴趣是非常重要的，把握孩子的兴趣同样也是非常重要的，你何不试试看。

选择爱好

任何人都对外界事物有一种选择性的爱好。孩子也是一样，他有可能喜欢学习这些东西而不喜欢学习那些东西，有可能现在喜欢学习这些东西也有可能以后才喜欢学习这些东西。遇上这种情况，你就得辩证地教导孩子了，一方面你可以顺着孩子，但更重要的是你能重新培养起孩子对不感兴趣的事物的兴趣。如果能做到这样，你教育孩子就有巨大收获，也是孩子的幸运。尤其是在学习文化科学知识，你的孩子偏爱某一科厌恶某一科都是弊多于利。所以，培养孩子的广泛兴趣是我们每一个家长的责任。没有欲望的时候激起欲望，没有学习兴趣的时候激起学习兴趣，谁都可以做到，谁都不那么容易做到，就看你是不是十分认真地研究其中的教育规律。

从兴趣培养

孩子将来能成为什么"家"、什么"长"、什么"员"、什么"手"你可暂且不管。重要的是你在孩子广泛的兴趣和爱好中发现他成长的大方向，并且经常鼓励他朝着这个方向奋斗。

发现了孩子成长的大方向，你就应为其创良好的环境氛围。如你的孩子有体育的天赋和兴趣的，你就大体上从这方面引导；你发现你孩子对数学感兴趣的话，你也尽可以给孩子说一些著名的数学家的故事；你的孩子对发明创造感兴趣的话，你就为他创设多些动脑、动手自制玩具的机会，或许他日后真有可能成为一个发明家……当然，值得提醒的是，你对孩子的兴趣不要认死理，不要以为他某些方面的阶段性的特殊爱好就是天分，其实，你把握住孩子成长的大方向去引导他就够了。

启发教育原则

启发教育原则，就是家长因材施教，利用自己的智慧和灵活自如的教学手段启发诱导孩子掌握德智体美劳等各方面的知识，开阔视野，增长见闻，提高智慧。

启发教育的核心就是让孩子懂得提问题和钻研问题，并达到自我解决问题的目的。

教育的任何方面，让孩子发挥想象力是最重要的没有人类的想象力，就没有人类社会的今天。因此启发教育的主要任务是培养孩子的想象能力，学会思考和想象是学会分析问题、解决问题的关键。

你能根据你孩子的需要施加影响或启发诱导吗?

启发从自身开始

当你的孩子在道德修养方面存在着许多缺点的时候，

你只是一味地责罚，甚至打骂，这是极其错误的事情。在道德修养方面的教育，任何威胁和压迫都是失败的，因为本身都是缺德的行为。你不妨经常地有针对性地对孩子讲述我国的传统美德故事和一些历史上伟人的故事启发他。孩子在有趣的故事中看到学习的榜样，一而再，再而三，他定能记在心中。德育，最重要的是树立可借鉴的榜样。

如果，你在这方面的经验很少的话，你应该马上到书店去或上一趟图书馆，买来或借来有关我国传统美德的故事和历史上一些伟人的故事书，甚至可以找到有关这方面的论著认真阅读，自己受到启发熏陶，然后再去教育别人。还应经常到家长学校去，接受再教育。

许多家长却是心中"无数"，不知用什么来启发孩子，也不知针对什么来启发孩子。总是看着孩子不顺眼就去指责，去批评。自己不明白的道理，也用来强加于孩子身上。由于找不到正确的教育方法，孩子的思想和行为未为自己所愿，就动辄粗暴相见，甚至骂泄气的话，消极对待。这种家长教育孩子缺乏信心，而缺乏信心，是因为自己理屈词穷。家教中，通情达理的家长，才会更好地启发教导自己的孩子。

体罚孩子不是最佳方法

孩子很懒做作业，你便罚他大量抄书，一篇课文抄一百篇还嫌不过瘾，孩子被迫服从了。以后，你见到孩子在学习方面起了明显的变化吗？勤快了？还是更懒惰了？还是喜欢隐瞒学习上的事情了？说句真话，你在教导孩子方面的期望值看似很高，其实为零。如果我没有说错，你就可反思一下，表示同意然后改正。

你在近期发现孩子爱看电视而影响了学习，你肯定不满意了，因而你在孩子的面前发起火来，甚至采取了"果断"的措施，关掉电视，并立即把它搬回房间去，禁止孩子看电视。为这件事情，你还得意洋洋地在你的邻居面前讲述你的英明决策？你可明白，专制是启发教育的大敌。

你虽然制止了他看电视，但在他的心灵深处却播下了不愉快的种子。在教育孩子的过程中顾此失彼，是许多家长所不能觉察的。

你孩子的老师来家访的时候，你对老师表现出极大的热情。当你听到老师说你的孩子表现并不如人意时，你大失所望，态度是不是来了一个一百八十度的转变？你对孩子的表现非常反感，进而怒不可遏，是训斥又是打骂，并且马上为孩子立了许多学习上的规矩。然后，你很自信地对老师说，"老师，你看他以后在学校的表现吧，如果没有进步，你可以跟我一样，随便地掴他的耳光。"其实，老师对你的表现不以为然，甚至，还捏了一把汗。

天下的孩子都贪玩，大概你的孩子也不例外吧？当你发现自己的孩子近来非常贪玩时，你气愤不过了，因为你知道学习最重要，玩物丧志呵。你是懂得这个道理，不过你把它应用到孩子的身上是太过分了，适得其反。你把孩子关在家里，只能更激起他对外面世界的向往，沉湎于贪玩的快乐之中。如果你继续这样做下去，你只能在教育孩子方面以失败而告终。适当地限制孩子的贪玩不等于扼杀孩子的天性。

你的孩子渐渐地长大起来了，已经喜欢交朋友。不知从哪一天开始，他已经常常把他的朋友带回到家中来玩了。你突然发觉，其中有个孩子，你不知道从那听说过是个"坏孩子"，你很敏感，马上觉得出了问题，便立即把那个孩子驱走。你太过分了，孩子是不买你的账的。或者你没有马上驱走他，但事后你非常严肃地整顿孩子，发布了至多的禁令，首先指出不准与任何坏孩子来往，然后特别声明不准跟刚才那个"坏孩子"来往。否则，决不客气。请当心，你这样做，说不定真的由你教出一个坏孩子来了。孩子的友谊是不能禁止的，没有朋友的孩子，他会孤独得很，性格慢慢地变得怪僻，那时，你这个父母的就会伤心之极了。当然，你要认真了解那个所谓"坏孩子"的情况，最好找到他的家长，相互教育大家的孩子是大人们的责任。

你的孩子无论生理还是心理都渐渐地成熟起来了。她开始喜欢与异性交往了，并且常常为此写下了许多的日记，用以怀念她的朋友，表达她的友情，歌颂朋友间的真诚可爱。有那么一天，你发现了孩子的日记本，你顿时被气得怒发冲冠，真个是无名火起三千丈。因为你觉得孩子正处在危险的关头——"早恋"了。这是一个多么可怕的现象，宁愿它不会出现在自己孩子的身上。可是，这魔鬼还是降临到自己的女儿的身上了。于是你采取了果断的行动，在你的女儿还没有什么准备的情况下，法西斯的教育方式又在作祟了。残酷地严禁"早恋"，只能使一颗温暖的儿女心冷酷起来，最终是没有好结果的。让孩子避开"早恋"，这是一门学问呵，亲爱的家长们，你好好研究一下吧，别一看了女儿的日记本，找到了一些带有感情的词汇，就以为妖魔鬼怪来了。谁的儿女无情义，你不加以区分，就眉毛胡子一把抓，把它盛到"早恋"的箩筐堆里，未免不产生出悲哀来。

在学习文化科学知识的时候，你为孩子"填鸭式"地灌输你的学问，还是启发他掌握思维的方法呢？你知道"举一反三"的重要，因为你学过孔子的教育思想，可是，你就没有孔子那么样的耐心。孩子在学习的时候遇到困难，发起火来，尽在作业本上发泄不满。见状，你也不甘示弱，脾气更大。孩子学习上的问题解决不了，肯定不愉快，然而，你却上了"惰性"的贼船，痛骂了孩子一顿，然后气冲冲地离去。

对待孩子不能就事论事

你对孩子的教育是不是见子打子的？教育不能一个萝卜一个坑，而应该是一面红旗引路来。"一个萝卜一个坑"是一种局限式的教育。做好那件事就是那件事，改正那个缺点就是改正那个缺点，未免太机械了，也是没有效果的。作为家长，知识和经验都是有限的，而孩子的学习是无止境的，他遇到学习上的困难或许也是你从来都没有遇见过的，假如你只教他知识，而没有教他掌握知识的方法，一次次"无解"的遭遇，只会令孩子对你的学识的否定而失去信心，你已经被你孩子的"愚蠢"打败了，怪可怜的也怪可悲的。

给孩子一条思路吧，你为何只教他走一步？只拔一个"萝卜"？

给孩子一个支点吧，他可以把地球撬动！

教育应该是链条式的，一环扣一环，无止境地延伸下去。

启发教育还必须注意另一个方面，那就是循序渐进。

循序渐进

所谓循序渐进，在教育心理学中被称为"门坎效应"，它是根据美国心理学家费鲁姆的期望理论提出的。费鲁姆通过研究发现，人的积极性，不仅来源于现实目标的价值，更取决于实现目标的概率。也就是说，一个人积极努力的动机首先在于目标对他的重要性，其次则在于目标是否可能实现。例如：国家元首是很多人梦想的，但由于极难达到这个目标，所以真正积极地去追求实现这个目标的人很少。孩子的成长也是如此，如果孩子认为实现目标的机会很大，便会积极努力，一旦实现了较小的目标，迈过了一道小小的"门坎"，孩子体会到了成功的欢欣与喜悦，再加上家长的鼓励和积极的引导，孩子就能逐步提高追求的层次最终实现家长为孩子所制定的预期目标。所以，在家庭教育中，家长要遵循循序渐进的教育原则，切忌"一口吃一个大胖子"，而是要将较高的奋斗目标分解成若干个经过努力有可能实现的目标。这样才有利于调动孩子的积极性。

一个三年级的学生数学总是不及格，家长恨铁不成钢，为他请了家庭教师，要求他期末考试达到90分。孩子委屈地说："我基础太差，考不了那么高分。"父母则坚持说："那是你没有好好学习，现在我们为你花那么多钱请了老师，你再考不好就不要回这个家。"结果，第一个月孩子还很用功，但由于基础太差，效果并不明显。孩子对达不到父母的要求很是恐慌，于是心就寒了，只好得过且过。考试结束后，孩子真的没有达到90分，内疚、害怕，使他偷偷地离家出走了。

另一位家长则采取不同的策略。他的孩子也是数学很差，但父母没有一味责怪孩子不用功，也没有为他制定太高的目标，而是对孩子说："你语文成绩那么好，说明你不很笨，只是方法不对。不要紧，下次更用功一些，把考试成绩从上次的50分争取提高到65分。"在这样比较实际的要求下孩子考了67分，家长和老师都肯定了他的进步，提出下次考试争取达到75分，结果孩子考了80分。后来几次考试，孩子均有进步，对数学课不再厌烦了，对数学考试也不再恐惧了。

这两个家长之所以培育出不同的孩子，乃在于教学原则有别，前者急功近利，结果欲速则不达，后者则循序渐进，结果精诚所至金石为开。

　　教育理论认为，强烈的求知欲和兴趣是儿童的重要学习动机，它可以帮助儿童克服困难，寻找解决问题的方法。

　　在日常生活体验中，常常发现儿童的兴趣非常广泛、"为什么"特别多，甚至有些儿童总是纠缠不清。对此各位父母表现不一。有的父母视个人心境来对待孩子，心境好时和孩子谈谈，心境不好时或太忙时则把孩子丢在一边；有的父母则不论情况怎样，总是积极参与探讨，引导孩子问更多的为什么，事实证明后一种父母是尽职的。孩子向大人提出问题，这正是他发现问题的表现，是其求知欲强烈和兴趣广泛的表现，父母要非常珍惜，进行引导，并激发他更多的疑问，这是促使孩子对此发生兴趣并进一步学习的良好手段。否则，父母不闻不问，甚至出言讽刺："你怎么这么笨？这简单的问题也不懂。"或者"别瞎问，这是大人的事，你不懂。"这些都是窒息孩子创造力的行为，为父母者一定要避免。

诺贝尔奖金获得者犹太人特别多的理由

诺贝尔奖金获得者，美籍犹太人赫伯特·布朗说："为什么犹太人诺贝尔奖金获得者特别多？其中的理由在于犹太人对孩子的教育。"他说："我的祖父常常问我，今天为什么和其他的日子不同呢？他立刻告诉我其不同之处，他总是先教我提出问题，试着找出理由，然后才让我知道为什么不同。在我的儿童时代，父母总是鼓励我提出问题，从不教我依赖任何人，一切都以理服人。我以为这是犹太人教养孩子比其他人略胜一筹的地方。"

赫伯特·布朗的话是有道理的，大凡有成就者，尤其是自然科学家和文学家，他们初时并不见得成绩便很好，但他们大多都喜欢提问、都有强烈的求知欲望。牛顿、爱迪生、爱因斯坦这些科学巨人无不如此。牛顿不是执着于"苹果为什么落地"这一个一般人为不用想的问题才发现万有引力定律的吗？

提问是开启未来的金钥匙

学贵知疑，大疑则大进，小疑则小进，无疑则不进。首先，只有产生了疑问，积极去探究，而探究则是学习和思考的过程。所以，提问是打开未来的金钥匙，在科学技术界，提出问题往往是成功的一半。而这种问题所需要的敏锐的眼光便来自从小对自然社会万物的兴趣。其次，鼓励孩子多提出问题也就是鼓励孩子多动脑筋。生理学的研究表明，人类大脑开发还远远不够，多用脑、勤用脑、善用脑可以开发大脑思维，使孩子终身受益。

因此，美国著名心理学家、教育学家布鲁姆建议，父母要鼓励孩子多提出挑战性的问题，并创设他既能答得了，又能使之前进的难易适当的"适中问题"，对适中问题的探究既可激发孩子的求知欲望和学习兴趣，又可促进孩子智力的发展。

学贵激疑。举一反三，哪有不通学问之理？

亲切教育

亲切教育，就是家长运用亲切的语言，展开亲切的互动，营造一个充满爱的教育空间，使孩子健康成长，这是最有效的教育。

一句美言暖三冬

当一名陌生的孩子站在你的面前，你应该说，"你真棒，我喜欢你"，无论是你的孩子或是已经很熟悉的孩子都应该经常地跟他们说类似的话，这些话会像和煦的春风、滋润的雨露和温暖的阳光滋养着孩子的心灵，影响他们一生。这些充满爱意的话语，说着亲切，听着更加亲切，为了孩子，多说无妨。

在孩子不懂事的年纪，你能做到目光祥和、脸色坦然而亲切吗？

你要平和地说，"我们可以这样做吗?"强调"我们"共同做某一事情，会使孩子觉得你和善友爱，对你更加尊敬和信任，对即将共同所做的事情充满信心。

当孩子犯错的时候，你可以诚恳地说："不要紧，你知道错在哪了，改了就好。"因为，你懂得不用强迫他立即改正，只要他对你流露出信任的眼神足矣。请相信，你在春天的播种到了秋天肯定是会有收获的。

当孩子要求进步的时候，你的脸上能流露出一种渴望的信任的喜悦吗？这时，你应该赞许地说，"好样的，你一定能成功（达到目的等)!"一个人能坚定地前行是他对前途的向往及其背后得到有力的支持。

当你知道孩子交了损友时，你会这样说："宝贝你和他分开一段时间，冷静地想想，如果到时仍觉得非常需要这个朋友，再与之交往，好吗?"斩钉截铁地拒绝或凶神恶煞般的目光只能令孩子远离你而亲损友。只有适当的劝说才能开启孩子的心扉，从而了解孩子是如何交友和是否交错了朋友的。如果真的交上了损友，这时你作为值得孩子信赖的亲人和师长及时把交上损友的孩子拉回你的身旁。你这方法一旦成功，在未来的日子里，他就会懂得谨慎择友了。遇到孩子反复时，你要有耐心。对于孩子选择了损友，你只能拉一把而不能推一把。

当你发现孩子交了好的朋友时，你要对他说："孩子，你的朋友不错呵，你要多学习他（她）的优点和长处"，世人都知道，朋友多了路好走，但是不易交到好朋友。你的这些处理方法可以令你成为孩子的朋友。你的热情加入，会使小朋友们有多高兴呵。这样，你为孩子的健康成长轻松地助了一臂之力。

当你的孩子遇上困难的时候，你要说："世上无难事，只要肯登攀。"此时，你要不断地给他以鼓励的目光呢！克服困难的勇气常常来自别人的真诚的鼓励。鼓励的目光比金子更值钱。

总之，我们对孩子开展教育或施加影响的时候，和蔼可亲、言辞殷切、不说强迫的话、不说凶恶的话、不说低级庸俗的粗话，而应该多说征询的话、期盼的话。"美言一句三冬暖"，何曾不以此为鉴呢？

改变一生的一句话

教育者的一句话会影响被教育者，甚至可能改变其一生。

就拿笔者来说，我已深刻体会到了。我的童年是在穷困与无望的挣扎中度过的。那时家里穷得连 2.8 元的学费都交不起，正在上小学二年级的我，也感到前途渺茫，只有努力读书忘记这一切。当时的班主任鼓励说："孩子，你是读书的料，你一定能读书成才，无论遇到什么困难，你都要把书读好。"如果不是这句话，我可能放弃了走读书成才的道路。而这句话，我一生一世都不能忘怀。

结果，我因为求学而改变了我的一生。我之所以有今天，也与他的鼓励分不开。

还有个美国故事，达柯夫小时候生性怯懦害羞，缺乏自信，没有什么朋友。中学的一天，他的英语老师露丝·布罗赫太太吩咐学生做一项作业。她们刚读完《射杀反舌鸟》这本小说，布罗赫太太叫学生每人为此小说续写一章。

达柯夫写好后就交卷，如今他已经记不得当年他写的那一章有什么特别之处，也不记得布罗赫太太给他的一个什么分数。他只记得——他会一辈子都记得——布罗赫太太写在作业上的评语："写得很好。"

一句话就改变了他的一生。

"看到那四个字以前，我不知道自己有什么长处，也不知道自己将来能做什么。"他说："看了她写的评语，我回家就写了个短篇故事。其实我很久以前就想写作，只是我不相信自己能做得出来。"

那一学年余下的时间里，他写了许多短篇故事，总是一写好就带回学校去请布罗赫太太评阅。她鼓励他、鞭策他，坦率地指出他的错误。"她正是我所需要的导师。"达柯夫说。

然后，他当选为校报的编辑。他的信心逐渐增强，胸襟也一天天开阔，就此开始愉快而有意义的人生。达柯夫相信，要不是布罗赫太太批了那几个字，这一切都不可能发生。

校友会三十周年聚会时，达柯夫去看望了布罗赫太太。这时，她已经退休，达柯夫对她说了那几个字对他的影响，然后告诉她，全仗她帮他培养出了当作家的信心，他后来也这样地帮助了一个年轻女子培养出了自信，当了作家，他告诉布罗赫太太，那女子在他的办公室上班，同时上夜校修读中学文凭的课程。她经常向他请教问题并请他帮助。她尊敬他，因为他是作家，而这也是她找他帮助的原因。这女子后来成了他的妻子。

布罗赫太太听了他帮助那位年轻女子的事后很感动。

"我想我们俩都明白她的影响是多么的深远。"达柯夫说。

但是对孩子换一种说法，那后果将又是怎样的呢？"你真蠢，什么事也做不好。"这话是一个女人对显然是她的孩子说的，原因是小男孩从她的身边走开了。她说这话时声音很大，周围的陌生人都听得到。男孩挨了骂，一声不响地回到了女人的身旁，低着头。

也许这没有什么大的了不起，可是有时小事会长留心中。简单的骂人的话脱口而出，言者以为无伤大雅，其实可能影响深远。"你真蠢，什么事也干不好。"诸如此类的话，可能影响听者的一生。

"写得很好。"简简单单的一句话，却能在听者的心中掀起巨大的波澜，把他推向成功的顶峰。既然是这样，我们不是应该对孩子多一份善意的鼓励呢？

道是无声胜有声

实施亲切教育，用亲切的话语表达是重要的。然而，我们却不能忽视运用身体的语言，传达自己崇高的情感。有时候，一颦一笑、举首投足、小心拉一把、轻轻抚摸一下孩子所起的教育作用胜过你口若悬河。真是"此时无声胜有声"。

当你的孩子（特别是少年儿童阶段）需要关怀的时候，你能常常拥抱他吗？把孩子揽在怀里让他感受你的爱，是一种成功的教育方法，简单易行，充满了人类至高无上的情感力量，孩子能借助这种动力幸福地成长。

见了孩子的时候，你能目光和善地打量他并用你的大手轻轻地抚摸他的头、他的肩膀、他的背吗？这样的打量释放出你早已积蓄起对孩子挚爱的能量，同时也把你的孩子对你的思念转化成现实；这样的抚摸能唤醒孩子对你的爱，能有效地教会孩子尊重你、信服你。当你出差回来的时候，要紧的是不要为孩子带来太多的礼物，而应该是在见到孩子的第一时间，轻抚他的头发、肩膀和背，这是天下父母送给孩子最好的礼物。抚爱能有效地克服孩子的反叛行为，能很好地形成民主的教育氛围，对形成孩子的好性格很重要。

当你发现孩子能按你的要求做好某一事情的时候，往往需要你注视着他，轻轻地点点头，表示赞许。这种出自心灵的企盼目光对孩子的影响是非常和谐的、令人振奋的。

当你为孩子送行的时候，你懂得向你即将远行的孩子挥手致意吗？你最好很得体地站立在那里，轻轻地挥挥手，让目光注视孩子远行的背影。车开动了，孩子走远了，你能回眸相送吗？我们决不能忽视这种体语教育的力量，它能把你远行孩子的心从万水千山之外拉回到你的心坎。

的确，我们在开展亲切教育的时候，一定不要忽视身体语言的重要性。其实，人类的教育首先是从身体语言开始的。

我们应该充分地运用自己的脸部表情把自己要传给孩子的内心的信息传给孩子。人们常说眼睛是心灵的窗户，所以每当父母跟孩子说话的时候，孩子总是首先盯着他们的眼睛，他做错了或做对了，都希望从父母的眼神里得到直接的了解。从父母眼神流露出来的喜怒哀乐的情绪最能让孩子受到感染，也最能让孩子迅速接受。当然，你还应该懂得运用其他的脸部表情来配合你的眼神，还应该懂得运用手脚的动作配合你的脸部表情，强调你心中的爱憎。总之一笑一颦，挥手之间，情感教育的力量往往是无穷的。

无论如何，教育是从爱开始。作为家长，应该让自己的爱陪伴孩子成长。所以，贯穿对孩子教育的全过程是父母与孩子增进感情的过程。这里，我们可以掌握一些简单的方法——

追忆孩子的过去

回忆是神秘的也是美妙的，因而人类总想知道自己的过去。作为一个孩子，他很想了解自己的过去是怎样的，那父母应该抓住这一点来教育孩子，让他懂得自己的过去，从而更好地准备自己的将来。如果孩子有一个值得骄傲的时刻，父母与他回忆起来，他会感到无比的自豪；如果孩子有过不寻常的苦难或疾病的折磨，父母在适当的时候与孩子回忆，将会激发孩子向上的力量，他往往会因此而奋发图强。

不管孩子长得多大，在父母的眼里永远是孩子。常常和孩子谈谈他幼时的情景，甚至他出生以前的事情，永远是家人最快乐的时光。让孩子知道，他是在父母的热切期盼下来到这个世界的。告诉他，他小时候是多么地天真活泼，讨人喜爱直到现在。让他知道他儿时是多么的幸福，父母是多么地爱他，让他为此而陶醉。让孩子笑着听懂他自己过去的美丽故事，他肯定会觉得他的现在幸福和将来会更加美好，并为此而努力奋斗。给孩子讲述美好的童年，同时还要给孩子讲述父母养育他的艰难和辛苦，苦难让人立志。还要讲述在孩子年幼无知的时候，他如何做出一些令父母提心吊胆的危险事情，比如，他曾经在床上掉下来，曾经独自爬上阳台往楼下看，曾经令人毛骨悚然地抚弄菜刀……向孩子提及这些事情让他记着无知的教训。在这种爱的浸润下，孩子在不知不觉中得到了健康成长的动力，何乐而不为？

属于父母和孩子的童话

所有的孩子都对故事感兴趣，尤其是喜欢听童话故事。对孩子来说，听故事是最好的品德教育和智慧的启迪。作为家长，你应该多多地为孩子准备美妙动听的童话故事，你应该为能给孩子常常讲童话故事而感到高兴，孩子们喜欢听你讲故事是你的幸福和快乐。

对我来说，到现在能永久留在我脑海里的是我童年的苦难生活和祖母那些美丽的童话故事，那些故事一直在熏陶着我，也让我拿来熏陶我的孩子。我现在也给你们讲一讲其中的一个故事吧，相信你们也是喜欢听的。

一个夏日的晚上，月亮从山坳上爬上来了，我们的兄妹和邻家的孩子们吃过饭以后，就在家门口的石凳上围着老祖母听讲下面的故事——

很久很久以前，有两兄弟，父母有病，家里很穷很穷，常常揭不开锅。为了吃饭，为了给父母找医生治病，兄弟俩常常梦想自己找到了一座金山，拿回了很多很多的金子，请医生治好了父母的病，建好了新房子，从此，有饭吃有衣穿，一家人幸福快乐。两个兄弟性格不一样，哥哥好吃懒做，并且只是一味地幻想发现金山银山；弟弟勤快节俭，同样也喜欢梦想发现金山银山。

有一天，兄弟俩到野地里拾野菜，弟弟总是把拾到的好的放到篮子里，哥哥却是拾到好的就往嘴里送。突然，天边飞来了一只很大的老鹰，它在天上盘旋了一会儿，落到了兄弟俩的跟前，说："小兄弟，我知道，你家里很穷，父母又有病卧床，你们家里需要帮助，现在我来帮你们。"

"你怎么能帮我们，我还不如把你杀了带回去吃了好。"哥哥说着拿着木棍举起就向老鹰打去。

弟弟马上制止了哥哥的行为："哥哥，你不能乱来，我看老鹰是个好人，不要伤害他。"

"对，我是一个好人，你们就骑在我的背上，我把你们驮到一座金山去，那里有好多的金子，你们到那里拿一些回来，求医买药给父母治病，也能供你们上学读书。"

兄弟俩最后还是听了老鹰的话，骑到他的背上。善良的老鹰叫兄弟俩闭上眼睛，就展开了巨大的翅膀向着东方飞去。过了一重山又一重山，上了一重天又一重天，老鹰终于驮着兄弟俩来到了一座金山上。

"小兄弟，张开眼睛吧，看这是一座掘不完的金山。"

兄弟俩张开眼睛一看，简直惊呆了："啊，世界上竟有这么多的金子！"

老鹰说："小兄弟，快去拿吧，只给你们半个时辰，太阳出来以前，我们得飞回去，要不我们将被太阳烧死。"

兄弟俩听了老鹰的话，就赶忙去找金子。

很快，弟弟回来了，手里拿着一个很大的金蛋，他想，这个金蛋拿到家里换来钱一辈子也用不完了。哥哥还在那

里拼命地找，越找越多，越找越远。老鹰和弟弟拼命地向

他呼喊，催他马上回来，太阳很快就要升起来了，不及早

离开就有被烧死的危险。

东方已经露出了鱼肚白，老鹰对弟弟说："我们不走不

行了，上来吧，不能再等你哥哥了，要不我们得全烧死。"

弟弟流着眼泪上了老鹰的背，老鹰便展开了巨大的翅

膀往回飞走了。

太阳升起来，贪心的哥哥来不及往回走，就被金山上

燃烧的大火活活地烧死了。

弟弟带着那个金蛋回到家里换了钱，请医生治好了父

母的病。从此他更勤快劳动，家里也很快富裕起来了。

老祖母有一个特点，就是每讲完一个故事，总要向我

们提问，或讲给我们一个做人的道理。

我记得，那天晚上，讲完故事以后，老祖母向我们这

样提问："你们说，两兄弟哪一个好？为什么哥哥会被烧

死呢？"

我们一群小孩几乎异口同声地说："是弟弟好，哥哥不好，哥哥太贪心了。"

接着老祖母评价起来："这个故事其实就是要告诉我们这样一个道理：既懒惰又贪心的人最终是没有好下场的，只有勤劳正直的人才会最终幸福起来。"这样生动的童话故事和言简意赅的点评我终生不会忘记。我相信，我的为人，我的品格肯定是受了老祖母的这些故事的熏陶，这是非常值得我兴幸的事情。同样，在我初为人父的时候，我也学着老祖母把这个故事讲给了我的孩子听。看他挺认真听着的神态，我知道他也觉得有趣，他也受到了教育。因为我也希望孩子具有传统的美德。

讲美妙动听的故事吧，孩子缠着你讲故事是再美好不过的事了，这是孩子求知欲的强烈的表现，他们听的故事越多，通常就会越懂事。家长为孩子讲美妙动听的故事实在是不露痕迹地对孩子教育的最好时机。一个人的童年如果没有听过美丽的童话故事，那是人生的缺陷。在今天，我们的许多年轻的家长却忽视了这一点，他们把为孩子讲故事的义务交给了电视台。当然，电视台的动画节目非常让孩子喜欢，有时甚至让孩子们到了如痴如醉的地步，但这些节目毕竟是隔了一层的啊，永远也比不上父母给孩子们讲的故事。我们作为父母给孩子们讲故事，其中的感情交流是电视台无法比拟的，选择的内容也更加适合孩子们。对孩子们来说，电视台播放的节目应该有节制地看，但是对于父母能给孩子讲的故事则可以无限地听下去。

年轻的父母啊，你们一定要学会为孩子们讲故事，他们往往在娓娓动听的故事中更加热爱你们，你们也更能按照自己的意愿去塑造孩子。

幽默是一种智慧

死板的家长决没有智慧的头脑，缺乏智慧的家长哪能培养出智慧的孩子，这话虽然是说过了头，但也是强调了智慧教育的重要性。每一位家长都希望自己的孩子充满智慧，但是要使孩子不断地获得智慧，不断地提高自己的能力，不可能一锹成井，没有一条快速的捷径可走，只能是我们对孩子们施加潜移默化的影响。这里最好的是家长能经常为孩子说幽默的话，讲幽默的故事。行为上也尽可能地幽默。幽默是智慧的结晶，也是智慧的激发点，家长能说幽默的故事既可以增进孩子的智慧也可增进孩子的感情。

让欢笑进门来：幽默是一个家庭必不可少的东西。和孩子分享有趣的事，再多也不会烦。如果你不知从何而起的话，从图书馆借一本笑话大全回来；当你做了某件傻事的时候，不妨自我解嘲一番。记住一句瑞典人的谚语："欢笑与爱一定存在于一个屋檐下。"

做本温馨的剪贴簿

买一本不是很贵的剪贴簿，让孩子在封面上写上他的名字以及年份，然后开始收集每个家人曾经用过的东西：祖母寄来的信、照片，音乐会的节目单，一张不错的色纸，一家人出游的车票，公园的门票，孩子新买服装的标签等等，孩子可以在旁边加上注解。一年下来，这个剪贴簿代表了一年的快乐家庭生活。

从这个"温馨的剪贴簿"开始，你可以扩展到各种收集的爱好，比如集邮集商标或收藏其他工艺艺术品。在孩子还没有掌握这方面的基本知识的时候，最好还是全家人参与，目的还是通过一种活动，凝聚全家人的感情，给孩子的健康成长创设一种欢乐和谐的气氛。至于孩子长大以后是否有这种爱好，那就等他长大以后自己决定。

说到底，为了孩子的健康成长，我们还是要无事找事做，找一些温馨亲情的事情全家人共同完成，在这种共同欢乐的过程中，全家人一定会在日后留下美好的回忆。

比"命令"好的"建议"

"建议"永远比"命令"好，这是我在教育孩子过程中深刻体会到的。从前，我经常认为，在孩子的面前必须表现出一种威严，对孩子的说话一定要绝对肯定，是就是，错就错；同意就同意，不同意就拉倒。这看起来是很好的，但实践起来就没有什么效果。我对孩子的行为往往采取这样的口吻："你一定要""马上""滚出去"……语句里特别能用感叹号。

孩子有些不良的习惯，我都是要下命令的，比如，他常常沉迷看电视，我见了就命令："马上关机，否则，我把电视机搬到房间里去！"

他还有一个坏习惯就是经常早上起来不刷牙，我知道了就命令道："立即刷牙，要不，给我滚出去！"

他常常拖拖拉拉地做作业，我发现以后便命令："把作业重抄五遍，否则，你以后绝对不能看电视！"

当然，我的命令还有许多，后来细想过来，竟然发现没有一次是"令行禁止"的，孩子的坏习惯一点都没改掉。相反，无形中让我形成了一个对待孩子凡事都爱下命令的坏习惯。此路行不通的，因为孩子对于父母的"命令"常常是抵抗的，常常产生一种逆反心理，你要他"立即"，他就是要慢慢来，你要他服从，他决计不从。我们的教育对象不是军人，起码不是大人。"命令"是行不通的。于是，我把对孩子的"命令"改为"建议"，效果很快体现出来，我尝到了甜头。在以后的家教中，每当自己不能容忍孩子的不良行为而发怒的时候，我对自己下"命令"要制怒，而对孩子只能出主意，提建议。在今天这个民主开放的社会，对孩子动不动就"家法"伺候，肯定是行不通的。家教，还是"民主"气氛浓点好。

要知道，有喜欢发"命令"的家长，就有喜欢发"命令"的孩子。我们常常哀叹"小皇帝"的无奈，就是"小皇帝"们喜欢对家长发"命令"，要家长绝对"服从"。其实，"教子'太严'父之过"。

在这里我建议大家进行"家教"改革，取消"命令"，提倡"建议"，创设民主氛围。这种"改革"应该是双向的。我们要善于向孩子提建议，还要引导孩子提建议。

还要设立建议时间，定期让孩子发表对自己家庭的建议，可以每月一次。小孩子有时也会有个好主意，询问孩子的意见，表示父母尊重他们。这些话题可供参考：如何省钱；如何花钱；旅游路线；菜单内容；礼物选择；房间摆设；购物计划；家里的钥匙放在那里等等。别嫌他的意见不切实际，应谢谢那些提出意见的人，并尽可能试试那些办法。

陪孩子就餐

共进快乐的晚餐，对现代的父亲来说是一件不容易做到的事情，许多的晚餐，大多都是由母亲来陪伴孩子，做父亲的常常有许多时候离开家庭，不能回到家里与家人共进晚餐，这种父亲应该说是失职的。你不要总是以某些借口而经常不在家与孩子共进晚餐，俗语说"桌上教子"呵，很少与孩子共进晚餐的家长，怎么能说他对孩子有很多的爱呢？

　　与孩子共进晚餐应该有两层意思：一是通过晚餐品尝家中一天的幸福和快乐，增进与孩子的感情，也增进一家人的感情。的确，与孩子一起吃饭，可以"吃出"感情，做家长的绝不可以忽视了这一点。其二，在晚饭的餐桌上，忙碌了一天的父母，可以因晚饭时的轻松愉快，更好地了解孩子一天的情况，能近距离地接触孩子，及时地肯定孩子的对错，能做到对孩子每天的表扬与批评不过时，以便更好地指导他明天的学习。

　　我们肯定了与孩子一起共进快乐晚餐是一件非常美好的事情，所以，我们要全心全意地共享晚餐。晚餐开始了，我们不要让电视节目占据了宝贵的时间。让你和家人在餐桌上分享这一天发生的事情，讲讲未来的计划或请孩子念一本好书的一个片断，这顿晚餐将是极有意义的。同时，你不要忘记对孩子的良好表现加上你的赞美。

多聚会，少选日

　　现代人时兴一家人聚集一起共度周末，不是郊游远足就是到游乐场去，或逛逛商场，进进书店，整个假日都处于消闲和娱乐之中，这是很好的事情。因为现在城市人的生活也太紧张了，大人工作紧张，孩子的学习也紧张，周末度假，松弛一下绷紧的神经，于身心大有裨益。

但是，为了我们的孩子，不要只是在周末全家人才聚集起来做有意思的活动。平时的晚饭后也可拿出三十分钟来一起度过，可以一同散散步，下盘棋，动手做些小玩意儿——小手工或一道甜点之类。从这里你可以了解到孩子的生活能力，以及他的兴趣所在。

不经常接触，人的感情就会淡泊。对于自己的孩子，父母应该经常和孩子们在一起，如果不能经常在一起的话，你也应该做一个计划，如何安排好与孩子共度欢乐时光。

请孩子做总管

你要爱你的孩子，你就得充分信任你的孩子，放手让他做力所能及的事情。这里，你还应该懂得，孩子们也是跟你一样充满自信的，在他眼里，他认为大人能做的事情，他也一定能做，并且能做好。（当然，他还是缺乏毅力和耐力，往往是心血来潮，半途而废。即使是这样，你也要放手让他去干，你好好指导或从中给予帮助就行了。）

譬如，让他当一天的总管，让孩子在一年之中选择特别的一天当总管。这一天，每个人都得听他的。他决定每餐吃什么，每个人就餐的位置，全家人上哪儿去，乘什么车，玩什么游戏，晚上几点上床。当然，他必须为他的决定担负责任，承担起部分或全部的具体工作。这样的 24 小时，相信他一定能学到很多东西，并能更设身处地理解父母。

这一天，你应该微笑着"袖手旁观"，不到关键的时刻不要"指手划脚"。对于孩子每一个正确的行为，每做好的一件事，都要充分给予肯定和表扬。你的鼓励会使孩子们感到无限的快慰，他们将更加认真而努力地工作，因为他觉得"我是行的"。

因人的能力而异，或许他这一天的总管是成功的，或许是失败的。成功了，你应给予充分的肯定，总结经验；失败了，你也应该认为是可以理解的，不要紧张，不要泼冷水。要千方百计找出孩子的成绩，要应该用放大镜看孩子的成绩，而对于缺点和错误则可以忽略不计，能让孩子在以后类似的工作中防止出现类似的错误就够了。

印象深刻的亲身经历

在家教中，我们不要老是"君子动口不动手"，其实，有时多动手比多动口更好。

以笔代口，往往比眼睛看到的、比耳朵听到的，更使人印象深刻。所以，当孩子识字之后，你应该经常写些小纸条或小卡片给孩子，不管是赞美、鼓励或婉转的批评，这都能给他们很大的作用。而且写下来的东西可以一读再读。

有孩子上学的父母，清晨起床，一边忙早餐，一边记挂着叫醒孩子的时间。叫醒睡梦中孩子是你们在一天之中与孩子打交道的第一件事。

然而，这第一件事就是不轻松的甚至是不愉快的事。

一天早晨，母亲把早餐准备好了，6 点 30 分准时走到儿子的床前，儿子还在睡梦中。

母亲："冰儿，该起床了，早餐都凉了。"

冰儿：（迷迷糊糊地）嗯。

母亲：（轻轻地推了推孩子）快点噢，不然上学又迟到了。

冰儿：（口气显得十分不高兴）知道了。

6 点 40 分，母亲再次走进冰儿的卧室，发现他睡得跟刚才一样，既着急又有点生气，于是提高了嗓门。

母亲：冰儿，赶紧起床，你上学肯定要迟到了！

冰儿：知道了，还在唠唠叨叨！

母亲：知道了还不起来！

在母亲地催促和监督下，冰儿慢条斯理地掀开被子，满脸不高兴地坐起来，动作缓慢地穿着衣服，早餐的时候仍然是无精打采的。然后动作迟缓地背着书包走出了家门。

从早晨一开始，全家就笼罩在不愉快的气氛中，一切都是显得别别扭扭的。

几乎所有的孩子都不喜欢大人从睡梦中叫醒他的，总想在床上多睡一会，磨蹭一小会也好。母亲催他起床总让他反感和讨厌。常常因为催孩子早起，弄得孩子一天都不高兴，大人也跟着厌烦、生气。

有一天，母亲给冰儿送了个小闹钟。冰儿很高兴，亲自对好早上起床的时间，把它放在床头。

第二天早晨，闹钟准时打铃。但母亲发现孩子并没有及时起床。她几次想去催冰儿起床但还是忍住了，尽管她知道孩子今天有可能迟到。最后，她在上班之前，给儿子留了一张纸条：

冰儿：

早上好！早餐在锅里，吃饱了再上学。

祝你快乐！

母亲　　即日

中午，冰儿告诉母亲她因迟到而受到了老师的批评。

冰儿：妈妈，今天早上你怎么不叫我起床了？

母亲：妈妈担心，过早叫醒你，会影响你的睡眠。再说，你可以在闹钟上自己选择起床的时间。

冰儿：其实，今天早上闹钟已经把我叫醒了，我想再睡一会，就睡过了头。以后，闹钟一响，我就马上起来，不能再睡了，我再睡，它就不叫我了。

从那以后，每天早晨闹钟一响，冰儿就起床。因为觉得时间是自己定的。母亲又充分信任他，不来干涉他，他有了一种责任感。母亲也不再为叫孩子起床而头疼了。

诚挚的祝福

一个聪明的真正爱自己孩子的家长，他会抓住每一个机会，真诚地祝福自己的孩子，通过这种行为，自然地向孩子表达父母的爱，更是使孩子真正感受到父母对自己的爱。

明天，孩子要参加升学考试了，请不要忘记为孩子叮嘱几句，祝福他考出良好的成绩，向学校和家长汇报。

孩子即将参加一场全市的数学竞赛，父母要为自己的孩子祝福，祝福他走运拿回好的名次。

孩子要远行了，送行时，一定要为孩子祝福，祝福他一路平安。

节日来临，一定要为孩子祝福，祝福他节日愉快，幸福美好。

请不要忘记孩子的生日，在人生的这一重要的日子，做父母的有可能的话要为孩子准备一份精美的礼物，送给孩子并为之深深的祝福，祝愿他生日快乐，万事如意。

道一声晚安，每晚临睡前，不要忘记祝福你的孩子，向他道声晚安，让孩子甜蜜地进入梦乡。

这一切并不庸俗，你也不要让人家觉得庸俗，你应该用一种高尚的行为表达你对孩子的深深的祝福。记住，当孩子长大离家以后，你就没有机会这么做了。所以，把握现在吧！

以上这些方面都包含着父母对孩子无限的爱和默默的期待。这样的爱这样的期待，让孩子如沐阳光春风，如吮甘露，让孩子在期待中成长是天下父母的共同心愿。

期待的效应

现实中不乏这样的现象：同是一个人，当淹没茫茫人海中，无人注意的时候，他平平庸庸；而当他换了一个环境，被寄予厚望的时候，却能与从前判若两人，干出一番惊人的事业。这种神奇的"期待效应"，实际上伴随着孩子的整个成长过程。

1968年，美国著名心理学家罗森塔尔做了一项心理实验。他来到一所小学，向教师提供了一份"具有优异发展可能"的学生名单，并再三要求教师向学生保密。其实这份学生名单是罗森塔尔随便指定的。但八个月后，奇迹出现了，名单上学生的成绩提高得很快，而且开朗、活泼，尤其是原来一些后进学生进步更为明显。其原因并不神秘，由于教师对罗森塔尔的权威深信不疑，因此，对名单上的学生产生了厚爱。虽然教师们并没有把名单上的学生外传，他们的情感也没有直接诉诸于文字或语言，但是他们的笑容、神情、态度，已经将自己暗含期待的感情微妙地传递给了学生。在教师的这种情感的影响下，学生自然产生一种自尊、自信、自爱、自强的心理，于是各方面都有了显著的进步。

这个实验被罗森塔尔称为"皮格马利翁效应"。皮格马利翁是希腊神话中一个年轻国王的名字，他爱上了自己雕刻的一具象牙少女像，每天都含情脉脉地凝视着她。日复一日，奇迹产生了，这尊象牙像变成了血肉之躯，少女活了。

诚挚的感情使一个没有生命的雕像获得了生命的活力。

这就是"皮格马利翁效应"或者说是"期待效应",证明了真挚的爱和充满信心的期望是一种伟大的力量。

每个孩子的身上都蕴藏着优秀的品质和独特的潜能,问题是家长是用鼓励和期待来肯定它,让它生根发芽,长成参天的大树,还是用嘲讽和冷漠去压制它,使它扭曲变形夭折。心理学家认为,童年时代受人喜爱的孩子,从小就认为自己善良、可爱、聪明,于是他就会尽力使自己名副其实;反之,父母只注意和发现孩子身上的毛病缺点,就会妨碍和抑制孩子优异品质的生长。如果你希望培养出一个庸人,你不妨经常骂他"窝囊废";你如果愿意孩子长大是个笨蛋,那你就可以天天冲他大吼:"你真蠢!"

孩子的未来,其实就在父母的每一个眼神里,每一句话中,就在父母默默的期待里。

在父母对孩子的期待中还有一个期望值的问题,期望值有高有低,关键要切合孩子的实际,切勿期望值太高,那样是很危险的。

有这样的一则轶事：五岁的林则徐骑在父亲的肩膀上走进考场，考官讪笑林则徐"以父作马"，林则徐机警应对——"望子成龙"。

"望子成龙"，短短四个字，道出了中国传统文化中父母的共同心态。孩子"抓周"，父母的一门心思便放在"纸笔墨砚"上，倘若小儿不知天命，一把抓住了巾帕胭脂，父母的心中就会生出《红楼梦》中贾政式的不悦：这孩子将来没出息。

那么，什么是"出息"？我们不妨先读一个故事。当年杜鲁门新当选美国总统，有人向他的母亲祝贺："你有这样的儿子一定十分自豪。"杜鲁门的母亲这样回答："是的。不过，我还有这样一个孩子，同样让我骄傲。他现在正在地里挖土豆。"也许正是因为这位母亲能以挖土豆的儿子为荣，才会有另一个儿子做了总统。

我们习惯于包办孩子的理想、孩子的未来，认为子女是父母的血脉传承，就理当唯父母之命是从。于是把父辈努力追求却未能如愿的人生理想，撂到孩子们的肩上，期待孩子去光宗耀祖。

看看太平洋彼岸那位认为"当总统和挖土豆同样令人骄傲"的母亲吧，我们是否应该把"理想选择和社会定位"的权力还给孩子？只有孩子的选择有益于社会，父母都应该为他们高兴。

参与教育

参与教育原则，就是家长鼓励和引导孩子主动地参与学习和开展各项活动，充分发挥孩子的主观能动性，努力参与教育实践，不断进取。

主动参与

参与教育的核心就是"主动"，即主动去教，主动去学，没有这个"主动"，教育便失去意义。

你想鼓励孩子好好学习，天天向上吗？那么你就得吸引你的孩子积极参与和制订学习计划和其他的活动计划。一段时期中，你想怎么教，又想让孩子怎么学，你不要只是自己考虑如何制订教学计划，还应该把孩子叫来一起研究"你们"的教学计划，做到教什么，学什么，大家都心中有数。家长和孩子共同制订教学计划，又有多少人能够做到呢？我们的家长往往是缺乏了这一方面的经验。如果你不想在教育的时候事倍功半，你就切切实实地实行这一条，并不是难事呵，只不过是你以前忽视了它的重要性。从现在开始你就和孩子一起共同制订教育和教学计划吧。

你能鼓励和引导你的孩子在品德学习和其他方面的学习上，主动积极地参与社会实践吗？检讨一下，未能做到这一点，你就得赶快实行。

希望孩子具有高尚的品行，相信这种教育你已经是经常地进行的了，但效果怎样，还得看看你的孩子在社会上的表现。在社会上，他懂得尊重别人吗？他能见义勇为吗？他能热情地帮助别人吗？道德上的教育不是留在口头上的吧，孩子能积极地把所接受的道德教育转化为实践行为，这才是有效的道德教育，没有这种道德行为的参与，只有道德理论学习，道德教育是失去意义的。

同样，如果在文化科学知识方面的学习，失去社会的

实践意义，理论脱离实际，教育效果也是不显著的。学以

致用，教育的要义。

参与教育，行为上还反映在孩子们是否能眼到、口到、

手到、心到。学习的时候不集中精神，常常开小差，你无

论教得如何精彩，也是徒劳无功的，因为孩子没有参与你

的教育，你只是一厢情愿地进行喋喋不休的"对牛弹琴"。

所以，我们家长和孩子之间必须是目的一致、愿望相同、

密切配合、共同参与。然地拿着教鞭去上课。你或许没有

这个空，没有这种教学的条件，但是，你不能让孩子放弃

学习。常常地，你只能是有一段时间辅导孩子学习，即使

是讲故事，也不可能天天有呵。在这里，有个家长很成功，

他对我说，"只要我的影子在，我的孩子就不敢放弃学习。"

为什么呢？原因是这样，在此以前，他已经下了很大的工

夫，教会了孩子怎样去自己管理自己，怎样自觉地为人处

世，自觉地学习，并且做到凡事都有个规律，不得干起事

情就丢三落四，杂乱无章。原来，他的这个"影子"是这

么多的东西，多么有效力的教育权威。懂得了吧？我们大人没有多少空闲，我们也需要活得轻松一点，老是"陪太子读书"，只能是教累了自己，教"坏"了孩子，吃力不讨好。

"自己管理自己""自觉为人处世""自觉学习""凡事都有个规律"这就是参与教育的根本所在。你解决了这些问题，你才可以成为一个愉快的父母，否则，你在孩子的面前只能是一个很烦恼的"家伙"，解决了这些问题，你才能成为真正的老师，因为你此时才是教育有方呢。

两种作业

检查孩子是否真正全身心地投入学习，最好的办法就是布置"作业"。这种作业不但是拿本本去做，更重要的是动脑动手动脚去做。我们的许多父母常常只是重视前一种作业而忽视了后一种作业，其实，后一种作业更加重要。比如，你利用一切条件，教育孩子学好文明礼貌，那么，你不可忽视布置"作业",让他去做,行动中才能证明你的教育是否得当,孩子是否学好了。品德教育是这样,文化科学知识的教学也是这样。简单地说,你教会了孩子初等数学,懂得了加减乘除,怎样才能检验出来呢?还不是布置作业,他的练习全部正确就证明你的教育得当,更好的"作业"还是让他做做"买卖",让他到社会上为家庭生活买菜买粮食,交电费交水费……,这种社会"作业"比在本本上做的作业更有意思。

走出孤独

一家幼儿园曾经做过这样的测试:老师指定几个小朋友到另外几个指定的小朋友手中取玩具,结果90%以上的小朋友是动手抢或求助老师去取,只有少数几个知道采取商量或用其他玩具交换的办法。现在的幼儿会把布娃娃当成假想的小伙伴,却不能跟真实的同龄人友好交往。

分析其中原因,主要是由独生子女的家长本身存在

"四怕"：怕孩子出门被欺负；怕孩子出门不安全；怕孩子外出耽误学习；怕孩子上门弄脏了居室。在如此的心理的驱使下，家长往往限制了孩子的正常的人际交往，致使子女陷入了交往饥渴和交往低能的困境。

心理学家指出：学习或娱乐的同伴对儿童掌握社会交往技能，帮助孩子走出孤独有着特殊的作用，因为这种同等交往是儿童无法从成人那里学到的。美国著名的心理学家卡耐基认为：成功源于近30%的才能加70%的人际协调能力。很难没想，惯于独处"笼中"，交往低能的独生子女，会在今后的社会交往中应付自如。那么作为家长，怎样让孩子走出孤独呢？

1. 创设良好的交际环境。父母应在家庭中创造一个平等和谐的交往氛围，要培养孩子敢说话、爱说话、敢提问，家长不能摆出"长辈尊严"的面孔训斥孩子。家庭大事，孩子可以理解的应该让孩子知道，允许孩子参加议论。涉及孩子的问题，首先应听孩子的意见，不要一味地家长说了算，这样有利于孩子树立信心，敢于交往。

2. 提供更多的交往机会。家长应适当带孩子进入自己的社交圈，外出做客的时候要求孩子观察成人间的交往；家中有客来，让孩子参与接待，让座、倒茶、谈话……不要将孩子支开，让孩子在成人的交往中学习交往。这样有利于消除孩子在交往中的羞怯、恐惧心理。

3. 教授基本的交往方法。儿童应当学会基本的交往技能。如分享、交换、轮流、协商、合作这些基本的交往方法，应在潜移默化中教给孩子。

每一个家长都有必要重新认识孩子的交往问题，让孩子走出家门去结识"兄弟姐妹"，在与同伴的交往中，多一份魅力，少一份怯懦；多一份合作，少一份霸道；多一份成熟，少一份稚嫩；多一份豁达，少一份孤独。

多姿多彩的家庭生活

没有孩子参与的家庭生活，可以说是死气沉沉的，也只要让孩子直接地参与家庭的生活，才能让孩子认识生活，学会生活的技能，将来能更好地创造生活。我们不要怕孩子不懂事，把家庭的事情给搞糟了，正因为他不懂事才让他学习，让他在实际生活中锻炼自己、培养自己。下面我们从几个方面谈谈：

1. 学当一天的总管。孩子到了八九岁左右，当父母就应该常常找些机会，让孩子学着当一天的总管，让他安排全家人一天的生活，从拿钱买菜买米到做饭，从休息到娱乐，从家务劳动到学习，都由孩子去筹划和打算。

2. 布置家庭摆设。无论从审美的角度还是劳动的角度，我们当家长的都应利用一切机会让孩子参与对家庭的用具和其他物品的摆设。比如：新买回了沙发和家电等，如何摆设呢？最好先征求孩子的意见，充分调动他在这方面工作的积极性，让他认真地投入对家庭的布置和摆设。如果他有好的建议或者独到的眼光，就应该十分热情地赞扬他。并且你还可以暂时充当配角，服从他的"命令"，听从他的指挥。其实这是充满乐趣的家庭活动，在这种和谐的劳动和审美的气氛中，孩子不但得到了陶冶而且增长了才干。

3. 规划家庭建设。在家庭建设方面，家长千万不要忽视了孩子的参与，应该让孩子在家庭建设中起重要的作用，哪怕他的意见未被你所采纳，只要能使他动脑筋，就能产生很好的教育作用。我们应该知道，幸福的家庭是孩子健康成长的摇篮，对于这个摇篮全家人都要共同编织。从小就让孩子参与规划家庭的建设，能更好地培养孩子对家庭的热爱。肩负起建设家庭的责任。

总之，对于家庭里孩子们能力所能及的一切，都应让孩子积极参与，如果你确实已经培养起了孩子参与家庭生活的习惯，你的家庭一定是幸福的。家长们行动起来，让孩子把自己的家庭调适得美丽多姿。

尽早接触社会

让孩子及早融入社会，在社会这个大舞台上经常锻炼自己，有识的家长是会这样做的。让孩子们经风雨，见世面，才会有更大的出息。俗语说："猪圈岂生千里马，花盆难养万年松。"尤其是独生子女，及早融入社会，对培养他们的人格和心志有着非常重要的意义。

1. 让孩子关心社会的公益事业。最好能和他一起参加家庭附近的公共义务劳动，打扫门前的清洁卫生，爱护周围的花草树木，保护环境。力所能及地为周围的人们做好事，关心和帮助那些老弱病残的人，培养他们的同情心和社会责任感，培养他们待人热情、大公无私的高贵品质。好孩子是从引导他们关心和参与社会的公益事业开始的。

2. 有意识地引导他们留心观察社会。从社会人群开始，让他们认识社会各阶层群众，认识工农商学兵，了解这些人的学习、工作和义务，培养孩子热爱他们的感情，在他们面前树立起社会各阶层的好榜样，也为他们播下理想前途的种子。还要引导他们注意社会各阶层人民的生活方式和生活习惯，懂得工人怎样做工，农民怎样种地，战士怎样当兵打仗，学生如何上学读书，商人怎样经商赚钱……还要注意认识家庭和社会形形色色的环境，留心他们的建设和分布。比如：街道是用来做什么的？街道两旁有什么样的建筑物？分别是用来干什么的？工厂一般建在哪里？学校一般分布在哪里？上学的路应该怎样走？公园在哪里？为谁而建的……利用身边的一切引导孩子观察社会的人们是怎样生产和生活的，让他们从小得到健康有益的启示。

3. 直接参加一定的社会劳动。有条件的要尽可能地带孩子到工厂去，要带他们到农村去，拿着锄头和镰刀才懂得自己衣食的来源，站在工地上才知道工人的艰辛与伟大，站在田岸上也才知道农民的艰辛与伟大。让孩子们懂得是劳动创造了世界，从小热爱劳动，不怕苦不怕累，勤勤恳恳，任劳任怨，在劳动中开动脑筋，这样的孩子将来才有出息。

生存教育

生存教育原则，就是家长通过有关生存意识分析引导对孩子进行人类自身如何生存和发展的现代文明的教育。

这是一个新的课题，的确，人类社会发展到了今天，已产生了许许多多的来自外部世界和来自我们人类本身的许许多多的问题，并困扰着我们，限制着我们，越来越严重地影响着我们的生存和发展的质量，难道还不值得我们充满智慧的人类加以彻底的重视吗？所以，生存教育是关于我们人类命运的教育，这应当是现代教育的核心。

物质和精神

一切问题都是从这两个方面产生的。更具体一点地说，它表现在我们人类应该怎样对待我们的现在和将来的生存环境，是从环境中不断地获得最大限量的物质财富而不顾自然环境的恶化，还是我们虽不断地从自然环境中获得丰富的物质财富，同时又不断地加强环保意识和环境建设，促使自然环境和社会环境得以良性循环？在生存教育的时候，我们更不能忽视我们精神方面的问题。在今天，我们应该怎样认识自然改造自然呢？我们如何克服来自大自然的和来自我们人类自身的一切困难和挫折呢？这两方面的困扰，很有可能把我们压垮，因而产生生存的忧患意识，同时也就有了生存教育。对于年轻的一代，特别是对于我们的年幼的孩子，生存教育的意义更是显而易见。怎样开展生存教育呢？这需要我们广大的师生和家长的重视，共同研究，努力探索。

人们经常把地球比喻为人类的母亲。母亲是伟大的，地球更是伟大的。地球不仅哺育着人类，而且使生命万物得以生存和繁衍。当前，尽管宇航员已经登上了月球，人类也已经把探测器送上了火星，但在茫茫宇宙中，至今人们还没有发现一个能适合人类生存的星球，人类只能依然生存和繁衍在地球这个摇篮中。人类的命运和地球的现在和将来息息相关，我们必须保护好这个摇篮。

当即将迈向 21 世纪的时候，人类赖以生存的摇篮正经历一场磨难：全球环境恶化日益加剧，空气污染、气候变坏、臭氧层损耗、水域污染、淡水资源枯竭、森林锐减、土地荒漠化、水土流失、物种灭绝、生物多样性锐减……一系列的环境问题，正使人类面临空前的挑战。幸好人类已初步认识到问题的严重性，认识到人类的生存和发展是与生态环境的演化和发展息息相关的。没有地球的生态环境，就没有人类文明的发展，也就没有人类的今天和明天。

加强生存忧患意识的教育，这不是骇人听闻的渲染。人类社会大厦的金碧辉煌是人类以自己的智慧索取无数自然物质的结果。社会经济的高速发展势必使得自然资源日益减少，从此，受伤的自然界，很难恢复它以往的元气，生态平衡的严重破坏所产生的恶果，人类已很难消化得了。

地球被称为"水的行星"，它的表面70%都被水所覆盖，难道就可以说水是取之不尽，用之不竭的资源了？可是，我们地球上有接近一半的国家正闹水荒哩，有许多的国家经常受到洪水的威胁，人民的生存很不容易，真是处于"水深火热"之中。为什么？我们的家园，原来有大片大片的森林，可是都被人类借口为生活为建设而毁掉了，气候恶化，难道还不出现旱灾水灾。水是地球的命脉，是人类的万福。可是，当今地球上还有多少水可以被利用？这绝不是危言耸听。仅此一例就足以牵动人类的命运。

具体的生存教育

对孩子们的生存教育还应该强化劳动态度和劳动技能的教育，还应该强化挫折教育。

当社会和家庭的物质财富大大丰富的时候，困扰我们这一代人的新问题也就出现了。对我们的孩子来说，劳动态度是一个很严肃的问题。孩子们普遍的好逸恶劳，使我们的老师和家长都感到非常头痛。我们这个民族向来有勤劳勇敢之称，那是因为过去的贫困落后吗？现在刚刚开始富裕起来，我们吃苦耐劳的精神已为下一代所冷漠，难道还不是危险的信号？有些孩子除了劳动态度差之外，不愿学习劳动技能，也是我们不能掉以轻心的。许多学生离开学校以后，走向生活，却还是四体不勤，五谷不分，不知道农民怎样种田，不知道工人怎样做工，即使是对现代化的管理技术，也是不愿精心学习，这对于国家实现四个现代化势必产生严重的障碍。重视和培养孩子良好的劳动态度已成为我们刻不容缓的大事。如果你不重视这一点，你的教育注定要失败。"成由勤俭，败由奢"，这确实值得我们高度警惕。强化这方面的教育吧，勤劳的孩子将会使你的家庭兴旺发达，同样勤劳的一代也将使我们的国家兴旺发达，繁荣昌盛。

从地球我们的家园到人类社会，到我们的国家，到我们周围的社会环境，由这些大环境所产生的大生存意识，大的生存教育，是必不可少的，但是我们还必须重视小环境的发展变化，尤其重视我们自身的生活环境的改善和保护，必须重视孩子们自我生存能力的培养。许多家庭忽视了这方面的教育，或者教育的不够，或者缺少教育方法，孩子在生存教育这方面的收获很少。

例如：你能让孩子多做家务吗？你能让孩子适当参加一些有益的社会劳动吗？在家庭中，你曾适当地给孩子以家务分工吗？从家庭的生活中和周围的社会生活中，你注意观察孩子的社会责任感和劳动的表现吗？你只是重视孩子的学习而忽视了他的家庭劳动和社会劳动吗？如果在这些方面，你都做得不够的话，你对孩子的生存教育还是欠缺的。许多家长随着家庭经济条件的好转，在家庭生活中的家务劳动已由家用电器所取代，由于溺爱孩子，从不让他参加家务劳动。有些孩子到了高中毕业还不会剥鸡蛋，还不会进厨房拿刀切菜做饭，到了大学，还不能独立，连挂一顶蚊帐都不会。可想而知，他的生活有多么的艰难，这样的孩子，他能很好地表现出自己的生存意义吗？生活、生产的技巧和生存的技巧是密切联系在一起的。生活在森林里的大熊都懂得，当自己的孩子长到一定的时候，它就把它们推离自己的窝，并头也不回地走啦，目的是让这些小熊尽快地独立起来，尽快地适应大自然的恶劣条件，自我抗争，自我生存；物竞天择，适者生存，这是自然规律。人在自然界和人类社会的发展过程中也必须尽快地适应这一规律。否则，他面对现代化的社会生存环境将无所作为，有被淘汰的危险。

你的孩子具有环保的意识吗？他的房间收拾得干净吗？他乱丢垃圾、随地吐痰吗？他能正确地评价你们的家庭和学校周围的环境变化吗？他能懂得一些关于城市工厂学校乡村等等的布局是否合理？所有这些都关乎你对孩子的生存教育是否产生作用。要知道环保意识是现代人的意识，环保是现代的新公德。

在生存教育里面，我们还需注重对孩子加强挫折教育。

在当今这个和平的年代，社会的和家庭的经济条件越来越好，人们的生活水平不断地提高，我们许多孩子到了成年的时候还像一个襁褓中的婴儿。"饭来张口，衣来伸手"是对他们中肯的描述。从来没有离开过父母，没有离开过家庭，生活条件好，食物营养丰富，医疗保健好，生活和生命都没有接受过磨难，很少挫折，肉体和精神都患有"虚胖症"。稍遇困难曲折，孩子们就灰心丧气，毫无斗志。这已经是许多老师和家长的共识。所以，我们应该在我们的孩子中间加强挫折教育。怎样进行挫折教育呢？首先，我们每一个家庭即使很富裕，为了孩子，必须过勤俭节约，艰苦朴素的生活。你在生活上爱护孩子，但不能取代孩子的家务劳动及其生活环节，应该让他做的事情，就让他做。孩子今天苦一点，明天就会甜一点。再次，当孩子遇到了困难和挫折的时候，你不要心疼，尽量地不参与他力所能及的事情，放心地让他去和困难挫折作斗争。对于孩子和困难挫折作斗争，你只能鼓励他的斗志，决不能挫伤他的积极性。要让孩子正确对待成功和失败，做到任何时候胜不骄败不馁，具有一往无前的英雄气概。还要教导孩子懂得困难和挫折是人生中不可避免的，应该坦然面对，当困难和挫折真的来临，就做到有充分的心理准备，迎接挑战。还有，应当主动地送孩子去磨炼斗志，多组织开展带有困难和挑战性的户外活动。孩子长大了，还应支持他为祖国去当兵，在军营里最能考验人、锻炼人。

被喻为"神童"而闻名全国的少年大学生周逸峰由于努力学习，并经历过种种挫折之后，26岁获得"作出突出贡献的中国硕士学位获得者"、29岁获得"中国青年科学家奖"等一系列荣誉称号。他曾对人们说过这样的心里话："人没经历过一些挫折，心理就会很脆弱。"

跌倒了，得自己爬起来

做家长的要让孩子从小懂得一个道理：跌倒了得自己爬起来。

日本的动画片《聪明的一休》中，有一个令人难忘的情节：一休的母亲为了磨练一休，让他当和尚，独立生活。有一次，一休跌倒了，石头磨破了他的腿，母亲离他只有几步之遥，一休将手伸给了母亲，可母亲无动于衷，只说了一句："用手撑一下，自己爬起来。"

一休的母亲让一休明白了一个道理：跌倒了自己爬起来。

在我国，许多家长都有这样一种心理：为了孩子，自己再苦再累也心甘情愿。殊不知这种"代办"式的溺爱只会害了孩子。试想，事事都抱着对父母的依赖心理的孩子会成为一个英才吗？

日本家长们非常重视对孩子这方面的教育。北京一位徐先生在日本研修的时候，结识了毗邻而居的一对日本青年夫妇。男的叫铃木，女的叫春子。膝下绕行的是宝贝儿女，9岁的儿子正男和5岁的女儿由美子。

春子太太是一个很温柔的日本女性，她平时对待孩子总是和蔼耐心，处处体现出日本女性的母爱。她在两个孩子中似乎更疼爱小女儿，整天把她打扮得花枝招展。但徐先生也看到了她另一种爱儿的方式。

一个初春的黄昏，徐先生回到了那个宁静的小院，春子正在洗衣服，由美子淘气地追逐着一只红蜻蜓。由美子突然看到了徐先生，不由喊了一声："叔叔。"并张开了两只小手向徐先生扑来，谁知被一块小石子绊了一下，顿时失去重心，"扑通"一声摔倒在地上。

"呜哇……"由美子疼得大哭起来。徐先生慌忙上前搀扶，谁知被春子太太一把拽住了手。

"由美子，不准哭，自己站起来!"春子对着女儿大声嚷道。见女儿仍然哭着不肯起来，春子再次怒喝一声："不许哭，站起来!"

春子神态严肃，与往常笑眯眯的样子判若两人。徐先生惊异地望着这位"狠心肠"的娘，感到简直不可思议了。

由美子终于止住了哭声，一双大眼睛委屈地望着母亲，自己慢慢地爬起来。

春子这时才一把抱起女儿："我的宝贝，真乖，听妈妈的话，摔倒了自己站起来，将来一定是个好孩子。"

由美子懂事地搂着妈妈的脖子奶声奶气地说道："妈妈，我听你的话，再也不哭了。"然后瘸着小腿一拐一拐地又去玩耍了。

春子对孩子的这种教育方式（在日本很普遍），使徐先生的心灵感到一种极大的震动，他不由想起了远在北京的儿子，三岁的儿子从小跟着爷爷奶奶，爷爷奶奶亲孙子，搂在怀里怕撞着，含在嘴里怕化了，三岁多了，出屋门还总得让爷爷或奶奶牵着手……

儿童是处于刚刚面世而又无法独立处世的时期，是正规教育的预备阶段，对儿童，做家长的要给予一定的保护和关怀，但决不能溺爱，尤其是在一个家庭只有一个孩子的今天。每一位做父母的都应该让孩子懂得，他们和父母一样是一个作为独立的人而存在的，应该从小培养自己解决问题的能力，而不是处处依赖别人。

溺爱孩子只能是害了孩子。真正爱孩子的家长，放开孩子的臂膀吧，自由的鹰要比禁锢在笼子里的小鸟飞得更高、更远。

每一个孩子都会跌倒，但一次次跌倒后爬起来，就会站得更稳，同时，他们幼小的心灵也会更深切地体会到，跌倒了，不能哭，得自己爬起来。

熊妈妈教崽的故事

有这样的一个童话故事，讲熊妈妈是怎样在小熊崽长到几个月的时候教它们生活的。熊妈妈教熊崽怎样觅食、逮鱼或爬树，教它们在遇到危险的时候怎样保护自己。终于有一天，熊妈妈本能地决定该离开它的孩子了，它强迫熊崽们都爬到树上，然后头也不回地走了！熊崽们从此要独立生活了，要自己跟困难和敌人作斗争了。在自然界作为一个动物的熊为了孩子的今后的生存都本能地这样做，难道作为万物之灵的人类还不能这样做吗？对孩子百般溺爱的父母却往往不能这样做，他们视孩子为心头肉，不忍心他们吃苦受难，这其实是大错而特错的事情。

吃苦受难是孩子的"必修课"

家长们，我们应该懂得，吃苦受难是孩子的"必修课"。

许多从日本回来的中国人对日本人的教学方法赞叹不已。他们介绍说，日本的幼儿园有一条不成文的规定：每逢冬天，幼儿都要赤身裸体于风雪之中摸爬滚打一定的时间。天寒地冻，不少幼儿嘴唇冻得发紫，浑身发抖，但在一旁的家长个个硬着心肠，没有一个上前搂着自己的孩子。只有这样才能换来孩子的真正健康。

在孩子很小的时候，日本的家长们就给自己的孩子灌输一种思想："不给别人添麻烦。"并在日常生活中注意培养孩子的自卫能力和自强精神。全家人出外旅行，不论多么小的孩子，都要无一例外地背上一个小背包。要问为什么，家长说："这是他们自己的东西，应该自己来背。"

做父母都希望自己的孩子将来能生活得幸福。但究竟怎样才能使孩子将来能生活得幸福呢？我们有许多家长对此还不能真正明白。

现在的孩子们"运气"好，家庭的物质生活条件比过去好得多。因此，许多家长舍不得让孩子吃一点点的苦，经受一点点的磨难。在生活和学习上，孩子遇上一点困难，家长就心疼得不得了，并赶快替他排除。有的甚至上学送，放学接，中间还送牛奶。做完作业不愿收拾书包，家长赶忙替他整理。替孩子洗脸、穿衣服，更认为是家长"理所当然"的事情。刮风怕吹着，下雨怕淋着，冬天怕冻着，夏天怕热着，就像温室里的花朵一样，从来不愿让孩子经风雨，见世面，受锻炼。

特别是城里的孩子，养得更娇。某市有一所小学组织几十个学生到山区农村去体验生活，准备在那里过一段时间。孩子们对此举感到特别高兴，可家长们个个舍不得孩子去，怕孩子受不了那份苦，担心出什么危险。学校虽然对家长们做出了种种保证，可家长们仍觉措施"欠缺"，又提出了一个条件："下乡可以，但要派警车护送。不然，我们就不让去。"

畸形的"当代奇观"出现了。出发那天，学生乘坐的豪华大轿车前面，果真出现了一辆开道的警车。家长们更是全家出动送行，那场面就像生离死别似的，非常"悲壮"。

近乎此例，在我们的家长中决非个别，难怪许多人感慨万千："现在的孩子养得太娇了，将来可怎么办哟！"

人们担心并非没有道理。孩子将来面临的是市场经济的社会，是一个处处充满竞争的社会。"物竞天择""优胜劣汰"将是未来社会的普遍的现象，竞争会使每个人面临"生死存亡"的考验。

社会竞争决不仅仅是知识和智能的较量，而更多的则是意志和毅力的较量。没有吃苦的精神和能力，是不可能在激烈的竞争中获胜。

在发达国家的家庭里，家长都普遍重视从小培养孩子的自理能力和吃苦精神。因为发达的市场经济社会要求每一个社会成员必须具备这种能力和精神。

生命的韧劲

在举世瞩目的中国长江流域的洪水灾害中，有一个6岁的小女孩成了世人瞩目的焦点。小江珊，一个被洪水围困了9个小时的农家女孩，被戴着红五星的子弟兵从死亡线上救了回来。她攀援树上被叔叔乘橡皮舟救助上来的现场片段更是强烈震撼着人们的心。

但我们更感到还应该努力宣传的是小江珊那股生命的韧劲。在滔滔洪流中，妈妈死了，奶奶死了，一个年仅6岁的女孩，面对苍茫的激流，竟能坚持9个小时。这9个小时是一个什么概念呢？是无衣无食的饥渴，是孤立无援的独斗，是对生的强烈而执着地追求和对死的严酷拒绝。一个乳毛未干的幼童，在洪水袭来时上映了这样英勇的一幕，难道不是我们教育娇生惯养的（独生子女）孩子的最好的教材吗？

美国人对孩子的培养

在美国，家长从孩子小时候就让他们认识劳动的价值。美国南部一些州立中学为培养学生独立生存的适应社会能力，特别规定：学生必须不带分文，独立谋生一周方能予以毕业。条件似乎苛刻，但是却使学生们获益匪浅。家长对这项活动全力支持，更没有一位"拖后腿""走后门""搞小动作"的。

曾经有八名美国中小学生应北京西城区外国语学校的邀请，来北京进行短期交流观光，他们分别吃穿住在中国学生的家中。有记者随他们一起活动，耳闻目睹这些美国孩子的生活感慨万千。虽八名学生不能代表整个美国的下一代，但管中窥豹可见一斑，有些问题确实值得我们深刻反思。

吃苦耐劳很平常。戴瑞是这次来京最小的一个，年仅11岁，她给中国学生印象最深的莫过于旅途中背着的那个与她年龄极不相称的大背包。游天坛时同行的一名中国学生想助人为乐，便走近小姑娘说："我帮你背吧！"不料小姑娘睁大双眸，疑惑不解但又彬彬有礼地说："谢谢你，自己的东西应该自己拿呀！"其实小姑娘的父母兄长就在她的身旁，而且他们各自背的背包要轻巧得多。有人问小姑娘："外出自己拿东西吗？"她莞尔一笑点点头。她背着足足有三五公斤的东西还玩得很开心。

勇往直前的斗争精神。在与美国孩子一起游颐和园时，记者发现他们对爬山情有独钟。

在距万寿山不远处，有一人工筑成的石山，这山不高但却比较陡峭，美国学生是在一拐弯处发现的。于是他们直奔而去，待人们赶到山前时，他们中三四名年龄较大的男孩已稳稳地在山顶作壁上观了。而其他几名，正像壁虎一样仅仅抓住嶙峋不平的山石向上攀，戴瑞的父母挥舞着拳头，为还未到达山顶的孩子们加油。此情此景，使人们想到美国的攀岩运动，危险那么大，为什么还有那么多人趋之若鹜？看来，富有冒险精神，勇往直前，敢于知难而上是美国这个年轻国家的一种民族精神。

过后，有人问一名美国学生："你就不怕稍不小心从山上掉下来吗？"他说："不怕，爬山就是体现这种精神。""如果掉下来怎么办？""我会站起来重新向上爬。""若是摔伤了呢？""那也没关系。上点药再来。"他说得多么轻松。

极强的环保意识。美国学生的背包可称得上为街头一景——大大的、鼓鼓的、沉沉的，尤其是里面的"内容"，除了旅游必备的用品外，还有一时无法处理掉的垃圾。

那天游天坛，进门不远处有个垃圾箱，几名美国学生呼啦一下就把垃圾箱围住了，开始从兜里、包里掏塑料瓶、塑料袋等废弃物，这些垃圾是上午参观天安门、故宫时积攒下来的。一中国学生说："美国的学生环保意识特别强。那天，他和一名美国学生乘地铁回家，未进地铁站，那美国学生就拎着一个空矿泉水瓶找垃圾箱，进了地铁站未来得及扔车就来了。这只空瓶，他拿了一路，直到扔进垃圾箱为止。

从小懂得：劳动创造世界，创造人类的生活，生活应该勤俭节约。请看这些美国孩子是怎样花钱的吧。别看这些美国孩子出身于中产阶级家庭，但他们花起钱可精打细算了。一次，一个美国学生和一个中国学生逛商场，这个美国学生看上了一件上衣，拿在手里前后左右欣赏了许久，最后还是恋恋不舍地放回原处。

对待自己"吝啬"，与人交往也不"大方"。有一天晚上，一美国学生提议到中国的歌舞厅去看看。他们从打车到买门票等一切费用都是"AA制"。他们说，钱是自己辛辛苦苦打工挣来的，所以不能乱花。

一名 18 岁的美国男孩说，像他这么大，如果还向父母要钱，是很不光彩的事，要被人耻笑，瞧不起，说你无能。所以到了他这个年龄，已经能自己养活自己了。他说他现在有两份工作，经济上可以独立了。平时开的汽车、穿的衣服都是自己打工挣的钱买的。到中国看看是他多年的夙愿，因此，就连这一次来中国的费用也是自己平时积攒下来的。

一名中国学生和其家长告诉记者，住在他家里的那名美国学生，穿的睡衣已经洗得很薄了，边也毛了，一件格子衬衫的后腰处有好几个窟窿了，但他满不在乎。

吃饭也很节俭。从不剩饭，有时已吃得饱饱的了，但也要把自己"承包"下来的吃完，而且打扫得干干净净。一次在外用餐，不小心把几粒米粒掉在桌子上，他就用手拾起来吃掉。

"礼仪之邦"献礼仪。中国素有"礼仪之邦"美誉。然大洋彼岸的美国孩子在中国同样表现出讲文明懂礼貌的良

好教养。

那天记者随他们爬上颐和园的万寿山后，很多游人在拍照留念。当我们要下山时，走在最前面的一名美国学生突然伸出两臂，阻止要下山的游人。原来前方不远处，有三四个中国人在拍照。

你的孩子会这样做吗？我想，许多的中国孩子很少这样做，多数则会不管三七二十一大摇大摆地走过去，他们不会去想是否影响了别人，更不会自觉地阻止游人为拍照者让路。

一个中国学生对记者说，这些美国学生乘公共汽车也很讲礼貌。他们从不拥挤，每次都是等人家上完后才上车。这与我们在车站经常看到的车未停稳就一窝蜂似的往上冲的现象是大相径庭的。

瑞士人对孩子的培养

在瑞士，父母为了不让孩子成为无能之辈，从小就培养孩子自食其力的精神。譬如，对十六七岁的姑娘，从初中一毕业就送到一家有教养的人家去当一年的女佣人，上午劳动，下午上学。这样做，一方面锻炼了劳动能力，另一方面还有利于学习语言。因为在瑞士有讲德语的地区，也有讲法语的地区，所以这个语言地区的姑娘通常到另外一个语言地区当佣人。

德国人对孩子的培养

在德国，家长从不包办代替孩子的事情。法律还规定，孩子在14岁就要在家里承担一些义务，比如，要替全家人擦皮鞋等。这样做，不仅是要培养孩子的劳动能力，也有利于培养孩子的社会义务感。

做父母的都深深地爱自己的孩子，希望他们将来的生活幸福美满。果真这样的话，建议家长们认真思考一位外国哲人的话："你想成为幸福的人吗？但愿你先吃得起苦。"

生存教育是当代最重要的德育

　　总之，生存教育是当代最重要的德育。不过我们的家长本身在这方面还必须努力了进修，加强生存意识的培养，学习更多的生存技巧；为了孩子，还应该虚心学习有关生存教育的基本知识。在这里，你和你的孩子作为同学都不要紧，甚至请他为师也无妨。用实际行动对孩子进行生存教育，意义则更加重大。

审美教育

审美教育原则，就是要求家长对孩子进行教育的时候离不开审美教育，也就是说，如何让你的教育对象在你的指导下懂得欣赏美、爱惜美、塑造美。审美教育应该渗透到整个教育过程，孩子们在美的陶冶中成长才显出教育的成功。

审美教育需及早

我们应该知道审美教育必须贯穿人的一生，然而，从出生到青少年时期，审美教育更具意义。审美教育可以唤起人们热爱大自然，热爱生命，热爱人生，热爱生活，热爱学习和工作，所有的教育应该伴随审美教育而展开。说实在的，一个牙牙学语的孩子都喜欢鲜花，都喜欢节日的气氛，都喜欢穿戴美丽；更长大一点就懂得什么是美好的人生，什么是美好的世界，懂得赞美自然生命的壮美，赞美人类社会的真善美。人类呼唤着美好的一切，而一切美好的东西同样呼唤着人类美好的性情。教育，对人的培养，首先就要培养人的美好性情，我们的孩子有了美好的性情，日后对于成长为优秀的人才无疑是筑起了良好的基础。

引导孩子审美

审美教育，首先是赏美。你可以利用一切有利的时机，引导孩子赏美。赏美过程可以使孩子认识许多美好的事物，既愉悦身心，又振奋志气。

自然界的美处处存在，动物的美，植物的美，山川河岳的美，无垠原野的美，蓝天的美，太阳星星的美都会令人陶醉，你就尽情地引导你的孩子欣赏这一切的美吧，它会把人的灵性唤起。"鹅，鹅，鹅，曲项向天歌，白毛浮绿水，红掌拨清波。"这优美的诗篇，竟然是来自一个三岁孩童美丽的灵感。可以想象，如果没有幼小的骆宾王对自然的热爱，就没有这首传颂千古的优美诗篇。中国是一个美丽无比的国度，有史以来炎黄子孙为她吟唱出多少优美的诗篇。这些诗篇代代相传，经久不衰，为世界文化的发展作出了重大的贡献。可想而知，培养孩子热爱大自然、赞美大自然是何等重要。

随着历史的进步，我们要进一步提高认识自然和改造自然的能力。我们的孩子要不断地提高这种能力，首先应该提高对自然界的审美能力，作为孩子的第一任老师，你明白吗？

自然界是美丽的，人类社会是美丽的，我们的乡村是美丽的，我们的城市是美丽的，我们的祖国是美丽的，你能让你的孩子从小就赞美她吗？如果你忽略了这一点，是教育过程中的一个致命的缺陷。学校的老师是不会患上这个毛病的，我们的家长就不可能个个都那么重视。当我们的家长懂得了这一点，我们的教育就有可能来一个飞跃。

要培养我们的孩子热爱人类社会的历史，特别是要热爱家乡的历史，热爱家庭的历史。赞美她吧，赞美我们的祖先对家族、对家乡、对祖国、对人类世界所做的贡献。你经常地赞美这一切，孩子是很感兴趣的，很受教育的。

"美不美，乡中水，亲不亲，家乡人。"好孩子一定是爱家园，爱父老乡亲的。因为是家乡的水土养育了他，是亲人培养了他。热爱吧，家乡是美丽的，父老乡亲是可爱的。"一条大河波浪宽……这是美丽的祖国，是我生长的地方，在这片辽阔的土地上，到处都有明媚的风光。"这美丽动情的歌声，能不激起我们的爱国之情吗？任何一个爱国者都是赞美自己的祖国的。

赞美和热爱生命

审美教育，还有一个很重要的方面，就是要教育孩子赞美和热爱生命，特别赞美和热爱人的生命。与此同时，教育孩子赞美人类一切的美好行为和美好思想更是不可少的。我们这个地球家园的可爱，是一切生命物质贡献的结果。一切生命都是美好的，赞美它吧，热爱它吧，保护它吧。对于我们人类自身的赞美，最重要的是赞美人类的一切美好行为和美好的思想，因为只有人类美好的行为和美好的思想，才能让世界变得更加美好，使人类历史变得更加伟大。

审美结合辨丑展开

审美教育更应该结合辨丑教育开展，人类社会的发展过程中必然产生许许多多的，形形色色的事物，尤其是人的本身，美好的和丑恶的东西都有可能出现在人性的问题上。具有美的心灵、美的语言、美的行为已成为我们塑造自身的目标，但也不可避免地在一些人的身上出现丑恶的灵魂、丑恶的语言、丑恶的行为。人类对自身的审美教育过程中，弃恶扬善是最有意义的教育。如果做父母的，做老师的忽视了对孩子们在这方面的生动而严格的教育，那是失职的行为。人在成长过程中迷失了向善意识，势必被丑恶的意识所俘虏，教育的艰难也在于此。

教育孩子热爱和赞美生命，热爱和赞美人的一切美好行为和美好思想应该贯穿整个教育过程的始终。因为实践一切美好的行为和美好的思想，是做人的根本，也是教育的根本。

道德教育的开始首先是审美教育的开始，塑造人就是要塑造人的美好灵魂。让我们都能把孩子塑造出一个美好的形象，使人人都能做到外表美、语言美、心灵美、行为美。

改造自然就是要使自然变得更加美丽，使我们的家园变得更加美丽。

追求高尚的美

审美教育是一个潜移默化的过程，不需要形式主义。我们应该利用一切教育的条件和教育的手段随时随地地开展审美教育。这里需要我们动心，也就是去赞赏美；还要动手，也就是塑造美。从我们的身边开始吧，这种审美教育容易让孩子接受。比如：你可以这样设问："我们的家美不美？""怎样使我们的家变得更加美？""家中谁最美？美在哪里？外表美？语言美？心灵美？行为美？"这样，你觉得幽默吗？的确，审美教育就应该是幽默风趣的，怡情养性，缺此不可。

爱美之心人皆有之，但爱得高尚就不容易。

文体教育

文体教育原则，就是我们的家长利用健康的文化娱乐活动和发展体育运动的手段引导孩子过好文化娱乐生活，积极参与适当的体育锻炼，达到愉悦心灵，强身健体的目的。

营造良好的家庭氛围

社会的发展越来越要求我们的后一代具有较高的道德素质、文化素质和身体素质。这就必须要求我们的教育有一个全面的大提高，现代的学校教育是非常重视这一点的，但是具体到每一个家庭，情况就大不一样了。因我们每一个家长自身的素质及其家庭环境条件，尤其是经济方面的因素使得有些家庭对孩子的文化娱乐和体育活动相应减少，有的却又在某一方面过分增加了，而这种学校和家庭的文体教育的失衡都会对孩子造成不良的影响，我们的家长最容易忽视这一点，有的甚至认为这是学校的事情，而不是家庭范围内的事情。这是一种错误的认识，我们必须加以克服。从现在开始，我们应该努力营造一个良好的家庭文体氛围，建设一个让后一代健康成长的文体环境。

文体活动是丰富多彩的，这不需要我们每个家庭都能全面地开展。但是，具有健康的文体意识的家庭，孩子的活动却是丰富多彩的。现代孩子们的文体活动意识是很强的，当家长的适当加以指导就能收到良好的效果，但是，家长的不良习惯和行为又肯定给孩子们以极坏的影响。有些家庭大人们不顾孩子安宁，麻将扑克玩通宵，甚至聚众赌博，藏有和播放黄色录像，藏有和传阅淫秽以及迷信的刊物。大人们满口粗言秽语，生活上充满低级趣味，这样的文娱环境能不对孩子的心灵造成污染？有的家长玩麻将人手不够还请来放学归家的孩子参与筑那"四方城"，孩子的家庭作业和其他的文体活动却不屑一顾。近朱者赤，近墨者黑。这样的家庭环境，家长们的育人意识太差了。但是，许多家庭却又值得我们羡慕和学习，家长在茶余饭后总要跟孩子说笑聊天，讲故事，讲社会有益的新闻，指导着看适当的电视节目，并有中肯的评价。有条件的，还带孩子上街逛书店，买合适的新图书。就是家中藏书也丰富，一个书香之家是很自然地给孩子以健康情趣的熏陶。有的家长有空闲就带孩子郊游旅行，让孩子陶醉于祖国的山水风光之中，让旅游中的文化见闻开阔孩子的视野。平常，傍晚的时候带孩子到野外散步、登高。通过散步、登高达到锻炼身体，愉悦身心的作用，也容易加强与孩子的思想沟通，加深亲情，真个是一石二鸟，得益匪浅。总之，只要你不太自私，只强调自己工作忙没有空闲时间，你是一定能陪孩子愉快地度过每一天、每一个节假日。孩子的身心也因家中丰富的文体活动而健康，这是何等的有价值呵。

当心，在现代社会的发展过程中，难免出现一些不良的社会现象。例如：农村的迷信和宗派纠纷，聚众赌博，城市中的过分商业氛围，灯红酒绿的营业性的舞厅、卡拉OK厅，电子游戏机室，难免有腐恶现象，经常出入此等地方的孩子，十有八九都会变坏。那些聚众贪玩、打架闹事，甚至吸烟吸毒的孩子，大多是经常到那些地方去的。当心，那里有鲜花铺着的陷阱。人性就是这样，你不以美好去争夺，势必会被丑恶所俘虏。我们的法制教育已经不止一次次地向广大的师生和广大的家长敲响了警钟。

健康为本的文体教育

文体教育，不拘一格，形式多样，健康为本，丰富最好。为了孩子，开展健康的文体教育，当是我们现代教育的重要课题。用心研究一下吧，设计一个可行易办的方案，摸索一套实用的办法，结合社会和学校的教育，创造一个适合孩子的文体活动环境，让他们在其中能德智体美各个方面都全面发展，这是全社会的共同心愿，不过还得需家长们的努力。

一起散步的价值

懂得家教的父母，他们一定懂得和孩子一起散步的价值。

记得女儿还在咿呀学语、蹒跚学步的时候，我就牵着她的小手去"散步"。一是为了让女儿实地认识一些家里和幼儿园里没有的"玩具"，二是为教她练走步。那时女儿非常乖，很讨人喜欢。再大一点，女儿上了小学，散步就成了我们一家三口晚饭后的主要的文体活动了，每到此时，女儿会手舞足蹈地把从幼儿园学到的儿歌、体操、舞蹈惟妙惟肖地表演给我们看，当然我们都是她热情而忠实的观众，并给她表扬与奖励。有时在兴头上，我还会和女儿载歌载舞。之后便是女儿提要求，可以猜谜语、讲故事，也可以做智力游戏……女儿在平和、温暖、欢乐的环境里健康成长，无论春夏秋冬我们一家都沿着预定的路线去散步。女儿上了小学，她的作息时间、学习内容、生活方式都有了很大的变化。由于我爱人工作繁忙，而更多的原因是他认为我有能力培养教育孩子，所以是更多的时间是我和女儿在一起。我开始注意到散步时和女儿谈话的语气、方式和内容。女儿和我说得最多的是学校里发生的事情，如：谁做了好事受到了老师的表扬、她与某某同学吵了架，甚至"评论"老师今天讲课最精彩的地方……这时我主要是当听众，适当时要她试着分析某个事件的原因，设想后果又如何，为什么会这样。一件件、一桩桩，女儿学会了观察、分析她周围的人和事，并讲给我们听她的看法，虽然很幼稚、很浅显，但我们从中看到了她的进步并鼓励她继续做下去。就这样日复一日，年复一年的散步，女儿学会了正直、诚实、表里如一；学会了善良、仁慈和爱心；学会了礼貌、举止得体，待人彬彬有礼；学会了认真学习，积极思考，有钻研劲头；学会了开朗乐观，热爱生活……在全市小学升初中考试中，她以优异的成绩考上了省的重点中学，这的确是和孩子散步的好处。

辩证教育

所谓辩证教育原则，就是家长对孩子的个性、思想感情和行为等方面进行一分为二的分析，从而扬长避短，转化矛盾，变落后为先进，使他们在正确的指导下健康地成长。

事物总是一分为二，总是对立统一的，这就是辩证法。我们在开展对孩子教育的时候，就应该运用辩证的教育方法，引导我们的教育对象。不要以为在这里谈辩证教育是很深奥的事情，其实是最简单而行之有效的教育方法，我们随时随地可以实行。但是的确值得我们注意，教育的失误往往就在这里，这个问题解决了，教育是轻松的，否则如牛负重，事倍功半，甚至事与愿违。

辩证教育的核心：它要求我们对受教育者的个性思想感情和言行进行一分为二的分析，因时施教，因情施教，因需施教，因材施教。

辩证教育的一般要求：我们要具体问题具体分析，全面准确地评价孩子，抓住主要矛盾，正确实施教育内容。

辩证教育实例与一般做法

当你的孩子做错了事情的时候，你应该怎样做呢首先是冷静下来，而不是激动起来，再就是慢慢地分析、慢慢地启发诱导，不损孩子的自尊，增强孩子的自信，帮助他克服缺点，改正错误。

最近一段时间，你的孩子经常到电子游戏机室玩电子游戏，无心向学，弄得学习成绩一落千丈，你知道后老是生气吗？狠狠地整顿他吧？急什么呢？你应该找个机会和他在一起谈谈电子游戏机，了解一下电子游戏机的特点和性能，分析一下青少年为什么那样喜欢玩它，顺着孩子的思路，倾听孩子的心声，尊重他的观点。你不要居高临下，暴风雨般地压过来，那样只能弄巧反拙。当你亲切而严肃认真地了解清楚玩电子游戏是一回什么事情的时候，你就应该概括出玩电子游戏的好处和害处、弊多利少、沉迷的危害。循循善诱，最终让孩子接受你的教诲，远离电子游戏机室，重新回到学习上来。

如果你的孩子老是做错，你又老是不能教育他认识错误，改正缺点。那么，你就应该反省你的教育行为本身了。你不要以为你懂得一切，以为你的教育方法和内容都是对的，说不定你就在这里出了问题，碰了钉子。是你错了，你就得坦诚纠错，是孩子错了，你就得耐心等待、耐心说服，利用一个个的教育机会，让孩子觉醒。

我们对孩子肯定是有期望的，期望他按照自己的意愿成长，教育是不可能这么顺利的。或许由于你对孩子的期望值太高，他很有可能让你失望。在你失望的时候，你应该仍然看到孩子的希望，再恢复对孩子教育的自信。

你的孩子是贪玩的，你如何帮助他克服贪玩的缺点呢？不给他买玩具？不带他出街？限制他跟其他的孩子来往？

如果你这样做，只是对孩子的贪玩持一种否定的做法，这时，你严重地忽视了孩子的天性。你可知道孩子的适当贪玩是件好事情，你应该积极引导他，让其做到有节制地贪玩，有选择地贪玩。为孩子的身心健康，就像我们对待江河一样，只能疏导而不能堵塞。

当你出门后，你的孩子在家里为了学画画，乱涂乱画，弄得满地满墙都是颜色，满屋子又乱又脏，你回来见状，是大发雷霆，凶骂孩子，还是一分为二评价孩子的行为呢？你能一方面赞扬孩子这样用功学画画，坚持下去肯定有出息，充满希望地发现孩子的智慧，保护孩子的身心健康，催生孩子心灵深处那棵艺术的幼芽；另一方面，教育孩子以此为鉴，无论学习或生活都要讲秩序讲文明，让孩子也懂得一分为二看自己的思想和行为，知道怎样发扬成绩，克服缺点，改正错误。

当你的孩子沉迷于看电视节目的时候，你不问青红皂白，毫不留情地把电视关了，这样做好吗？其实，很错误。

看电视节目有什么不好呢？不过，看电视节目应该有时间安排，有节制。你应该为孩子分析一下哪些电视节目可以看，看多长时间，什么时候看，制订一个时间表，在以后，严格按它作息，养成有规律地学习和娱乐。落实时间表的安排，比你恼怒地关掉电视机胜一百倍。

当你的孩子在学习方面出现偏科的时候，你只指出他这样学习是很不好的，必须马上改正。可是孩子偏科学习就证明他在这一方面非常感兴趣，所以，学习就来劲头，这是十分好的势头，你首先就要保护他的这种积极性，然后才指出偏科学习是中小学生不能这样做的道理。问题似乎仍然没有解决，你还必须了解清楚你孩子偏科学习的真正原因，找到问题的症结，才能解决问题。

当你从孩子的日记本上或其他地方了解到孩子开始对异性感兴趣了，甚至有谈恋爱的苗头，感到十分震惊。于是你愤怒地没收了孩子的日记本并狠狠地训斥了他，甚至拒绝他与异性来往。向往异性，向往恋爱是人生最美好的思想行为，问题是中小学生处于长身体长知识的阶段，心理、生理尚未成熟，一当坠入爱河不能自拔，对自己的成长是十分有害的。同时，你更加不能一概地否定孩子与异性的交往，不能视孩子与异性的交往如洪水猛兽。这样禁锢孩子，会使她的心灵造成极大的创伤，是一件大错而特错的事情。许多家长在这方面都不懂得辩证法。

评价孩子的标准

在评价自己孩子的时候，人们常常把自己的孩子跟别人的孩子比较，如果比不上别人的孩子就认为自己的孩子是坏孩子或是蠢孩子。这种后果是极其可怕的，青少年的不幸莫过于是父母对自己的否定。作为一个家长对孩子的评价，目的是促使他更好地成长，所以，我们应该在看一个孩子的时候应该看他的主流，看他的本质，而不能一叶障目不见泰山。

有了成绩用赞扬的办法肯定一切；有了缺点用批评的

办法否定一切，这都是极端有害的摧毁性的教子方法。一般说来，否定一切的家长经常挂在嘴边的是这么几句话：

第一，"你怎么又犯了？""你怎么又不及格了？""你又不听话了！"等等。这是积累式否定性批评，容易使孩子滋生对立情绪。一般说来孩子们的某些缺点，尽管在表现形式上似乎有一些相似之处，但在实际问题上都有些度、量、质的变化。如孩子与人打架，头脑简单的父母，很容易认为上次的批评教育未起作用，就不分青红皂白，不问事情的因果，上去就训："又打架了！"，其实上次打架，可能是自己的孩子要拿别的孩子的东西，或自己先动手打起架来的；而这次可能是他路见不平，上去制止而打起来的。不能简单地用"又"字来一概否定了他的内在发展和变化，使得孩子由感到委屈到不满甚至对立，影响教育效果。

第二，"你怎么老是这样？""你怎么老是不改？"这是把一时的过错作做永远的过错来否定，把目前的失误当作历史性的、一贯性的失误来否定。这是否定一切式批评的常用手法。这不但使孩子不能接受，而且任何一个有自尊心、自爱心、上进心的人都不会接受的。

第三，"这孩子是没救了！""你到底还有没有救？"这是彻底否定式、摧毁性批评之一。动不动把"没救"挂在嘴上的父母，是从根本上否定了孩子的进取愿望和潜能。而且天天无数次地重复"没救！""没救！"的说教，早晚会非常有效地真正实现"没救"的责怨。

就多数父母的本意，用否定一切的批评方式，是为了通过强调问题的严重性、危害性，以强化子女们对自己问题性质、影响及对己对人对家对国的利害涉及的认识，以求得迅速、彻底地改进。但父母们忘记了一条常理："过犹不及。"客观事物的发展、变化是有它的客观规律的，往往与主观愿望相反。任何事情若做过了头，同做得不够是一样的，都得不到好的效果。脱离实际的否定一切的批评，只能使人看不到优点、进步、成绩和光明。会使人一蹶不振，灰心丧气，失去了进取的勇气和方向。

辩证施教

我们做家长的什么时候学会一分为二地对待自己的孩子就什么时候摆正了教育孩子的方向，找到了教育孩子的好办法。我们应该懂得孩子的性格、心理远未成熟，可塑性极强。教育的作用往往就在这里产生，使孩子健康地成长抑或把孩子引向斜路，对于家长来说是否懂得辩证教育，对症下药是一个关键。

对孩子的未来来说，没有一个绝对的"好孩子"，也没有一个绝对的"坏孩子"，即使是"现在"，一个好孩子也肯定存在着不足，甚至是极其危险的缺点，一个"坏孩子"也肯定存在着长处，甚至是令其一生辉煌的优点。家长的责任就在于发现孩子的"不足"和"优点"，只有这种。发现"才有教育的产生。

在处理孩子的学习、生活和娱乐等方面的关系，你应该怎样做呢？"一张一弛"，教子的良方。

哪是主，哪是次，哪些应该在先，哪些应该在后，缓急轻重？正确处理。

以和为贵

在家庭教育中，要想取得良好的效果，就要营造相互尊重的气氛。孩子尊重你，你才能教育孩子，孩子不尊重你，你的说话只不过是耳边风。要想孩子尊重你，首先，你是一个高尚的"大人"并且是孩子的忠实"朋友"。再次，你必须尊重孩子，孩子年纪虽小，但小小的心灵更需要理解，他的人格更需要尊重。你尊重他，他也尊重你。为了教育孩子，聪明的大人必须放下家长的威严。在孩子的面前，架子是要不得的。在家中要制造民主的气氛，对孩子的教育要注重民主意识。只有在民主的气氛中，孩子才敢发表自己的意见，陈述自己的观点。也只有这样，你才知道孩子的对错，教育孩子的大门才会打开，你才有舒展教育本领的机会。

总之，你要让孩子说"你也像我班的老师"，而不要让孩子说"你不是我的老师"。因为孩子在班上的老师能让学生们举手发言，而你这个家长却还是"一言堂"，发号施令，威风凛凛，令孩子退避三舍。

家长的重要性

辩证教育，最重要的是家长懂事，也就是说，家长必须有一定的教育水平，懂得对待孩子要抓个性、抓本质；看全面，看主流，看变化，看发展；不偏激，不动辄则咎；不偏袒，不护短，不溺爱；该动则动，该静则静；有话则长，无话则短；讲民主，要严谨。

抓个性，抓本质——就是要求家长熟悉甚至研究孩子的性格特点，培养他品格的优良面，克服他品格的丑陋面；懂得凡是孩子的本性都是善良的——"人之初，性本善"，孩子长大以后品质的好坏，责任全在于教育者，"教子不严父之过"。还要透过现象看本质，不要怀疑或放弃对孩子的培养。

看全面，看主流，看变化，看发展——就是要求家长对孩子的一言一行要中肯地全面地分析，不能以偏概全，以一时一事，一言一行，肯定或否定孩子，不能"一叶障目不见泰山"，忽视了孩子良好品质的主流，要高度重视孩子的思想行为的变化，要重视孩子的个性的发展，并且更重要的是促进孩子向正确的方向发展，因为孩子的希望在未来。

不偏激，不动辄则咎——对孩子的表现，不要一好就将其捧到天上，一差就踏到脚下，不要随意惩罚孩子，这样做对孩子的身心健康危害极大。孩子的进步固然可喜，做家长的确不要陶醉，以致日后孩子有了错误也不敢批评教育，也不要在孩子犯了错误的时候，不分青红皂白，兴师问罪。这样做只能是适得其反。

不偏袒，不护短，不溺爱——也就是说，对孩子的缺点和短处，千万不能出于狭隘的父母之爱而袒护孩子，甚至纵容孩子。更不能溺爱孩子，万事都为孩子包办代替，忽视了对孩子的挫折教育。

该动则动，该静则静——对孩子的表现，惩戒训斥或表扬奖励都要适当，对孩子的褒贬不要只是一味地喋喋不休，应该懂得运用各种身体语言向孩子传达你对孩子的教育信息，这是一个方法的问题。

讲民主，讲严谨——这是一个家风的问题。在家教过程中，父母能讲"民主"实在是不容易的，当惯了家长，家长作风、专制行为很难克服。这是极不可取的。在现代，我们每一个家庭不可能没有"民主"的意识、和谐的教育氛围。也只有在民主和谐的家庭教育氛围中，才能培养孩子良好的心理素质和善良的品格，那种法西斯式的教育方法只能使孩子的心理变态，品格畸形。在营造家庭教育的民主氛围过程中，我们绝不能也不等于放松对孩子的科学教导，家教不能儿戏呵，严谨教导下的孩子才有出息。

有话则长，无话则短——这也是一个方法的问题，或者说是说话的艺术问题。几乎所有的孩子都不喜欢父母说话的时候长篇大论，泛泛而谈，海阔天空而没有中心。对孩子的表扬或批评，最忌的是话多而不得要领。

确立目标与如何实现目标

几乎全世界的家长对孩子的教育目标的确立都是相似的——把孩子培养成为一个出色的人，当然这样的一个目标应该说是很模糊的。

对孩子来说，他是无法预见自己的未来的，他的经验和智慧未能让他这样做，所以对孩子的成长来说，他确实还不能为自己制定人生的目标。但对于父母来说，他们可以大致预见自己的未来，因而，他们的经验和智慧可以帮助孩子确立成长的目标，家庭教育在很大程度上是父母希望自己的孩子在成长的过程中少走一些弯路，以最快的速度实现人生的目标。

为孩子一厢情愿地确立目标，当然是一种形而上学的做法，但是许多家长却非常乐意这样做。其实，这是一种愚蠢的做法。有许多家长按照自己的愿望，想象出孩子将来的理想目标，并且千方百计朝这个目标去塑造孩子。例如：当发现自己的孩子有某些方面的天赋，甚至一次偶然的发现，你便暗暗认定了孩子的成长目标：要把自己的孩子培养成为画家、数学家、舞蹈家、电脑专家。

为了达到这个目标，父母很早就有计划地培养孩子这些方面的才能。孩子的脸是三月的天，说变就变，你无论是请人还是亲自加强对孩子某些方面的智慧的开发，一不留神，他就用自己的行为否定了你的远大目标。就拿我对孩子的文学才华的开发，是一个十分典型的失败的例子。

我热爱文学，心里也希望孩子早早就在这方面有出息。我通过观察似乎发现了孩子有文学的天赋，从不足两岁开始，我就教孩子念唐诗，用伟大的中国文学去熏陶他。令人鼓舞的是不到两个月的时间孩子竟然按照我的意图背出了 50 首唐诗，一时让我及远亲近邻激动不已，真有点天上的文曲星落到了人间的飘飘然的感觉。可是不出半年我的心却似乎沉浸在冰河里，随着岁月的迁移，孩子竟然一点也不买父亲的账，他开始违抗家长的命令了，不再咿咿呀呀念你的唐诗了，他最大的兴趣就是玩。到了真正入学读书的时候，我孩子先前所背的五十多首唐诗，竟然一首也念不出来了，这就宣告了我的目标的失败。这件事给了我一个启示，对于孩子的早期教育最好不要制定目标，起码不要制定具体的目标，大方向正确就行了。

家长与孩子的矛盾

家长为什么讨厌孩子呢？一句话就是孩子的表现背离了自己的愿望。概括起来有三个大的方面：

（一）孩子的学习不理想。可以说天下没有多少个父母在这方面是满意的，许多人在这方面伤透了脑筋。

不知怎么的，孩子的字总是写得歪歪扭扭的！

不知怎么搞的，孩子总是在做作业或者做试卷的时候粗心大意，而且每次总是犯同样的错误！

唉，每天晚上陪他做作业也没用，请了家庭教师也无济于事！

孩子老是不关心学习，老是喜欢看电视！

看着孩子很聪明，然而学习成绩总是上不去！

……

（二）孩子生活上没有规律。孩子还在襁褓的时候是挺逗人喜欢的，当他越长越大的时候，却让人讨厌。从我的观察所知，许多孩子总要经历一个无序的时期，这是在他还没有独立生活能力以前，"乱七八糟"是孩子的生活写照。

有些孩子从三岁学拿筷子吃饭以来，没有一顿吃得让妈妈满意，餐桌上落满了饭粒。

有的孩子自己的房间从来不收拾，换洗的衣服和干净的衣服常常混在一起，穿的鞋袜东一只西一只。

早上上学的时候不是掉了书包就是掉了笔或校徽什

么的。

不被父母监督着就不刷牙洗脸，就不洗澡，很难形成良好的卫生习惯。

常常丢失东西。

……这一切难道还不让父母厌烦吗？

（三）道德品质不理想。一个人好的品质是很难养成的，但是坏的品质却有可能一朝一夕形成。有话说"学好三年，学坏一天"，此话不假。我们的孩子是在家庭和社会的包围下长大的，耳闻目睹社会上形形色色的道德现象，好的东西不易接受而不良的东西却非常容易沾染。

有些孩子容易学会说低级趣味的话。

有些孩子很难接受文明礼貌，并且没有文明礼貌的习惯。

有些孩子喜欢偷东西，特别喜欢偷家长的钱。

有些孩子好吃懒做，害怕劳动，逃避家务，连自己的衣服都不愿意换洗。

有些孩子喜欢说谎话，有不诚实的习惯。

有些孩子喜欢给别人起绰号，甚至恃强凌弱，打架骂人。

……防止和改变孩子沾染这些不良的坏习惯是摆在家长们面前的一大难题。

对于上述的问题，我们的家长应该怎样认识和采取什么样的教育方法去对待孩子们？我们的研究表明，对孩子的教育必须克服急功近利的思想，实行心平气和的潜移默化的长期教育。以为孩子是纯洁的，总要学好，不能容忍孩子的缺点和错误，生怕这些缺点和错误很快就形成了孩子的思想品质基础。这，由于"恨铁不成钢"的心理所造成的错误。望子成龙太心切，反倒增加了教育的难度。实际上，我们应该在发现和保护好孩子的某些方面的优秀品质的同时对孩子的教育应该采取放长线钓大鱼的态度，适当地等待教育孩子的时机总比不能忍耐孩子的缺点和错误要好得多。

家长的自我教育与子女教育

现在，许多家长只一味强调对孩子的教育而忘记了首先要对自己的教育。许多的家长在孩子的面前自以为懂得很多很多，总是以一个家长的权威来影响自己的孩子，总是以为自己说的话句句是真理，孩子你听就是了。其实，我们作为家长的要教育孩子，就要研究他们的个性特点，特别要研究他们的毛病所在，还要研究他们的发展潜力……要研究他们的一切。这个过程实际上是一个自我教育的过程。在这个过程中可以发现自己的不足，无论是学识水平还是思想水平都要不断地提高，才能对自己的孩子施加有效的教育。对自己的孩子来说，现代的父母的确应该成为懂得系统的教育理论的老师，而不能只是拿着棍棒或藤条的家长。对孩子来说，思想感情方面是父母，学识智慧方面是老师，现代的父母这两者都是不可缺少的。因而，我们这些"第一任的老师"就必须不断地学习，不断地进步，才能促使孩子不断地学习、不断地进步。所以说，缺乏自我教育的家长也就缺乏对孩子的教育。

很难说死守着落后的传统封建观念的父母会很好地为孩子施加现代的思想教育。所以，这种家长就必须不断地解放思想，更新观念，跟上时代的潮流，这才能在孩子的面前树立起一个现代人的榜样来。

家长忽视子女教育的几种理由

相对地说，家长是一个专门的家长但却不是一个专业的老师，所以对孩子的教育就不像学校的老师那样具有经常性和连续性，因此，家长往往会忽视对孩子的教育。一般地说我们的家长会在什么情况下忽视对自己的孩子的教育呢？

1. 社会压力不断增加的时候。每一个家长在家庭经济生活中，他必须首先要到社会去找到工作，赚到钱才能养家糊口。各人因自己能力、智慧和人际关系在社会上会找到一个相应的工作岗位。在这个工作岗位上，他总要表现出自己的思想水平和工作能力，这种表现不能永远是优秀的，肯定会经常地出现错误，这就会出现来自周围的人们和上级领导者的压力。而这种压力又会往往影响到自己的经济和其他的社会利益，还会影响到自己的荣誉和自尊，这样就背上一个沉重的包袱回到家里。自己需要拼命地甩掉这个包袱，一切的精神和力量都集中在处理自己的问题上，忽视对孩子的教育也就成为可能。

时代在发展，社会是不断地进步的。一个人的自身素质必须与时代的发展和社会的进步相适应，才能有所作为。我们每一位家长都会面临这个矛盾，因而就必须不断地通过调整和改造自身的素质，使自己与时代同步。而在自己不断地学习进取的过程中却忽视了对孩子的教育。

2. 家庭不断地出现矛盾的时候。很难想象在一个不和睦的家庭里能把年幼无知的孩子教育好。

家庭成员关系不好，互相嫉妒，互相怨恨，反目成仇，冷冰冰的家庭气氛，大家心绪不宁，除了肯定会把孩子丢在一旁外，还会给孩子造成极大的心灵伤害。

夫妻之间感情不和，婚姻危机的家庭更容易忽视对孩子的教育。在一个残缺的家庭中，孩子的性格容易扭曲变形，人格容易受到伤害，身心健康容易产生障碍。

3. 失去道德约束，放纵自我的时候。有些家长自以为思想开放，常常失去道德的约束，放纵自我，成为私欲的俘虏。这种家长在家庭的时间不多，没能给家庭带来多少温暖，孩子在他的身上学不到什么好的东西，找不到希望。

易为家长忽视的子女

在家庭教育中，我们作为父母的不要以为自己天天在孩子的身边，就十分地了解自己孩子的思想感情，了解孩子的个性特点，了解他们的学习，了解他们的生活，其实不然，我们这些家长对孩子往往知之甚少，极为容易忽视自己孩子的优缺点。对于下面这些类型的孩子，我们的家长极为容易忽视严格的教育。

1. 在学校出类拔萃的孩子。这些孩子的智商比较高，反应灵敏，极为聪明，读书进步较快，常常受到学校老师的表扬和奖励。每一个学期都被评为"三好学生"。家长们往往为自己的孩子而自豪和骄傲，为自己聪明的孩子而糊涂，忽视对孩子的全面的教育，尤其忽视道德修养，造成孩子的人格缺陷，使自己的孩子滑向骄横自负的泥潭。

2. 被认为"乖"的孩子。这些孩子，看上来很懂事，很听大人的话，待人也有礼貌。许多家长认为有了这样的孩子真的放心了，因而缺乏对孩子提出新的更高的要求，对他们也放松了约束，他们将永远成为大人们的"乖孩子"，缺乏锐意进取的精神，难以成大器。

3. 被认为素质低的孩子。由于种种的原因，有的孩子综合素质是比正常的孩子要低一些。有的患有先天性残疾，影响了身体的发育，也包括影响了大脑的发育，比较愚蠢一点。有的智商也确实低下一些，表现为弱智。这些情况会影响到某些家长的信心，使对孩子的教育受到障碍，这是我们这个社会所不允许的。

4. 有的孩子生性虽然聪明，但是因为家庭结构的变化，或因经济条件，父母无能为力教养孩子。这种情况下，孩子往往得不到良好的教育，心理变态，性格畸形，心智得不到全面发展。

家长该为子女怎么做

前不久，有一位作家曾提出这样一个论点：即民族的较量实际是年轻母亲的较量。他通过在不同的国家所见到各类不同的年轻母亲对孩子的教育方式而得出这样的结论。

作家说有一次他到一个英国朋友家去玩，这位英国朋友有一个三岁的孩子，非要跟他一起洗澡不可。作家敷衍他：你先洗，我一会儿就去。等阿姨给他洗完澡以后，作家没有去，这孩子哭了，说作家骗他，孩子的妈妈也跟作家急了：你怎么能骗孩子呢？你既然答应和孩子一起洗澡，就要跟他洗……而在中国，有些年轻的母亲都会对孩子说："乖乖别哭，妈妈给你买糖吃；听妈妈的话，乖乖去上幼儿园，妈妈给你买小汽车；乖乖听话，妈妈为你……"至于自己对孩子的承诺是否能实现，那是另外一回事，管不了那么多，中国的孩子几乎都是在受骗的环境中长大的。在这样的养育方式下，他将来必然形成这样的一种人格——对别人充满戒备，骗别人心安理得。你还指望他相信别人吗？这就是多疑病的原因。

还有一次，作家在农村亲眼见到，几个小孩在一起玩，其中一个被另一个欺负了，那个被打伤的孩子的妈妈过来，厉声吼道："你干吗打他，再打，看我不揍死你。"而他在英国也曾经见过同样的场景，一位被欺负的女孩的母亲却对另外的几个孩子说："你为什么要欺负他呢？难道你们不友好吗？"他在跟孩子讲理，而那位中国妈妈对孩子却"没有什么理可讲"，这种教育方式起码有两点不好的后果：一是孩子养成了依赖性，依赖强权；二是养成一个非理性性格。

有人曾经问过，我们的父母到底欠了孩子什么？其实什么也不欠，就只欠把好的道德品质教给子女。

配合学校教育

配合学校教育原则，是指家长做到密切配合自己孩子的学校加强对孩子各方面的教育。

家庭学校教育配合要默契

当今的教育，如果单单寄希望于学校就可以把孩子教育好，那未免有失偏颇。今天，学校教育只是教育的一部分，还有社会教育、家庭教育。只有把学校教育和社会教育以及家庭教育有机结合起来，才是完整的教育。只有发挥这三方面教育功能的作用，才能把孩子培养好。这里，我们特别强调家庭教育和学校教育的相互配合，只有这种配合默契起来，我们才能具体地准确地教育孩子。

可以说，家庭教育是学校教育的开端；另一方面又可以说，家庭教育是学校教育的延续。我们不是说"父母是孩子的第一任教师"么？既然第一任教师就在家里，家庭教育就是学校教育的开端。今天，我们的家长几乎都是有文化的，甚至你们的文化比学校老师的文化还要高。在这一点上，你成为孩子的教师，是理所当然的。但是，你不得无视学校教育的中心作用和重心作用，你只有围绕这个"中心"和"重心"，并且你只有和你孩子的学校教师相配合，才能把你的孩子培养成优秀的学生。你应当经常鼓励孩子回到学校如何如何地尊重老师，如何如何地尊重教学规律，做到如何如何的德智体美劳全面发展。在家中，你尽管以你高尚的品德影响你的"学生"，但不可以不分阶段地把你所有的知识都提前灌输给你的学生，如果这样，你的孩子回到学校里，就会显出一种假聪明来，骄气使他不能很好地接受老师的教育，那么你的"开端"是失败的。这个时候，我们说家庭教育是学校教育的延续，你大概会更明白一些了，当你的孩子从学校老师那里学到知识，回到家里的时候，你该满意了吧。不，你还不应该满意，因为你还没有进行你的"延续"教育。这里，你应该首先检查你的孩子在学校的表现怎样，学习的成绩提高得怎样，老师表扬了孩子的哪个方面，批评了哪个方面，还要帮助孩子复习功课和预习功课。请注意，不需要你天天"陪太子读书"。你可以总结出一个规律，德智体美劳的教育可以不像学校那样高度集中，应当是分散的随时随地的，也可以选择适当的主题和专题在你认为能配合学校（这一工作，就需要你经常地和学校的老师加强联系）做好孩子思想教育和文化知识教育的时候，你就大胆地给孩子补补课。其实，延续学校老师的教育，既是你的义务又是你的责任。这种"延续"的教育会使你的孩子进步得更快，也更能随你所愿。

请家长问问自己

有的家长喜欢对学校的工作指手画脚，下车伊始，这又指责那又批评，你呢？

有的家长对学校的工作不闻不问，表现出毫不关心或"高度信任"，你呢？

有的家长因为工作忙，从来不过问自己的孩子在学校的表现情况，到了学期结束，连孩子的《家庭报告书》也懒得看一眼。你呢？

有的家长认为学校老师批评错了自己的孩子，表示出愤愤不平，为了保护自己的孩子，并且让孩子带着到学校找老师"算账"，你呢？

有的家长为使自己的孩子在学校不比别人小气，给他的零用钱以 10 元、以 100 元计，把自己的女儿打扮得花枝招展，让其追逐时髦，你呢？

有的家长在家里打麻将，人手不够，就把孩子叫来娱乐娱乐，你呢？

有的家长当自己的孩子在校外打群架的时候，他只迁怒别人，甚至到学校老师哪里告别人的状，美言曰：为保

护自己的孩子。你呢？

有的家长不欢迎学校老师的家访，也从来不去访问老师，表现出胆怯和无知。你呢？

……如果你也是这样的一个家长，很难设想你能培养出一个优秀的孩子。